Peter Königs: Kokosfett – ideal für Genuss, Gesundheit und Gewicht

W0229378

VAK CONCEPT

Peter Königs

Kokosfett – ideal für Genuss, Gesundheit und Gewicht

Illustriert von Britta van Hoorn

VAK Verlags GmbH
Kirchzarten bei Freiburg

Vorbemerkung des Verlags
Dieses Buch dient der Information über Möglichkeiten der Gesundheitsvorsorge und
Selbsthilfe. Wer sie anwendet, tut dies in eigener Verantwortung. Autor und Verlag
beabsichtigen nicht, Diagnosen zu stellen oder Therapieempfehlungen zu geben. Die
Informationen in diesem Buch sind nicht als Ersatz für professionelle medizinische
Behandlung bei gesundheitlichen Beschwerden zu verstehen.

Bibliografische Information Der Deutschen Bibliothek
Die Deutsche Bibliothek verzeichnet diese Publikation in der Deutschen Nationalbibliografie;
detaillierte bibliografische Daten sind im Internet über http://dnb.ddb.de abrufbar.

VAK Verlags GmbH
Eschbachstraße 5
79199 Kirchzarten
Deutschland
www.vakverlag.de

2. Auflage 2007
© VAK Verlags GmbH, Kirchzarten bei Freiburg 2003
Illustrationen: Britta van Hoorn, Hamburg
Lektorat: Jörg Ketter
Umschlag: Hugo Waschkowski, Freiburg
Satz und Druck: Himmer AG, Augsburg
Printed in Germany
ISBN 978-3-935767-23-1

Inhalt

Vorwort

Zuerst konnte ich es nicht glauben, als ein Freund mir empfahl, statt meiner geliebten Öle öfter mal Kokosfett fürs Kochen zu nehmen, weil es sehr gesund sei. Kokosfett – diese vielen gesättigten Fettsäuren? Aber seine Argumente machten mich nachdenklich:

- Wieso sind in den Ländern, wo sehr viel Kokosnuss gegessen wird, gerade die Krankheiten so selten, die angeblich durch gesättigte Fettsäuren ausgelöst werden?
- Wieso finden sich diese gesättigten Fettsäuren von Natur aus in der Muttermilch – und noch dazu mit hohen Anteilen? Ungesunde Fette in so etwas Gesundem wie Muttermilch?
- Wieso werden diese gesättigten Fettsäuren gerade bei Schwerkranken gezielt zur Ernährung eingesetzt?
- Weshalb verwenden Sportler sie schon seit einiger Zeit zur Leistungssteigerung?
- Und warum werden sie empfohlen, um Übergewicht abzubauen?

Man kann mich nicht leicht überzeugen, aber zumindest wurde ich nachdenklich und ging der Sache auf den Grund.

Bald fiel mir auf, dass es – wie so oft, wenn es um Ernährung geht – viel Widersprüchliches gibt. Einerseits wird gebetsmühlenartig immer und immer wieder die Meinung vertreten, gesättigte Fettsäuren seien ungesund – „Das weiß doch jeder!". Andererseits kann das niemand so richtig belegen – selbst die Auswertung von 1.700 Forschungsberichten zu diesem Thema konnte dafür keine Beweise erbringen. Und auch: Immer mehr Untersuchungen ergeben inzwischen, dass die gesättigten Fettsäuren nicht alle die gleiche Wirkung haben und ganz unterschiedlich eingeschätzt werden müssen. Manche sind durchaus ungesund, aber andere wirken schlimmstenfalls neutral, und dann gibt es welche, die sehr gut für uns sind.

Und noch etwas stellt sich inzwischen heraus: Entgegen der gängigen Meinung sind die *un*gesättigten Fettsäuren in Wahrheit lange nicht so gesund, wie bisher allgemein geglaubt wurde.

Es war einmal ...

... und das ist noch nicht so lange her: Da zog Weston Price, ein junger Zahnarzt, in die Welt hinaus. Er hatte sich gewundert, warum in seiner Praxis in Ohio so viele Patienten schlechte Zähne hatten und warum sie überhaupt so krank waren.

Weston Price zog nach Alaska und nach Feuerland, in die Schweizer Alpen und zu den Hunzas im Himalaya, in die Karibik und den Südpazifik. Es war um 1930 und in diesen abgelegenen Gegenden gab es Menschen, die sich immer noch so ernährten, wie es ihre Vorfahren seit unzähligen Generationen gewohnt waren. Und alle hatten bessere Zähne und waren viel gesünder, als er es aus Ohio kannte. Dabei war es gleichgültig, ob sie sich wie in Alaska fast nur von Fleisch, Fisch und Fett ernährten oder wie in den Anden fast nur von Getreide und Gemüse. Hauptsache, es war die gleiche Ernährung wie bei ihren Vorfahren.

Doch diese Geschichte wird an anderer Stelle ausführlich erzählt (in *Essen, was mein Körper braucht* von William Wolcott). In diesem Buch geht es darum, was Weston Price in der Karibik und im Südpazifik herausfand: Wer sich traditionell ernährte – vor allem mit Fisch, Gemüse, Taro-Wurzeln und viel Kokosnuss –, wer also mit der Nahrung viele *gesättigte* Fettsäuren zu sich nahm, war ungewöhnlich gesund, schlank und vital. Price stieß fast nie auf die Krankheiten, die den gesättigten Fettsäuren angekreidet werden, wie Arteriosklerose, Herzinfarkt, Schlaganfall und Übergewicht. Die fand er nur in den Hafenstädten der Inseln, wo bereits die „moderne" Ernährung Einzug gehalten hatte und wo die Kokosnuss inzwischen als unmodern galt.

Studien belegen die Beobachtungen von Price

Anfang der 1960er-Jahre begann eine Studie auf zwei kleinen Pazifikinseln – Pukapuka und Tokelau –, die über zehn Jahre andauerte und an der alle 2.500 Bewohner teilnahmen. Auf diesen abgelegenen Inseln hatten sich die Ernährungsgewohnheiten seit Jahrhunderten kaum geändert. Mehl, Reis und Zucker gab es nur sehr selten. Meist aß man wie schon immer: Fisch, ein paar Früchte, einige Wurzelgemüse, ab und zu wurde ein Huhn oder ein Schwein geschlachtet. Und immer gab es Kokosnuss, täglich, zu praktisch jeder Mahlzeit – also ziemlich viel Fett.

Dabei waren alle außergewöhnlich gesund. Der Cholesterinspiegel der Inselbewohner war normal, sie waren schlank und vital – so wie es auch Price 30 Jahre zuvor auf anderen Inseln dieser Gegend festgestellt hatte.

Gesund, obwohl Fett mehr als die Hälfte der täglichen Kalorien liefert

Die Deutsche Gesellschaft für Ernährung (DGE) empfiehlt, dass 30 Prozent der Nahrungsenergie aus Fett stammen und gesättigte Fettsäuren dabei nur zehn Prozent ausmachen sollten. Das wussten die Tokelauaner nicht – bei ihnen lieferte Fett 57 Prozent der Energie. Und dieses bestand vor allem aus dem gesättigten Kokosfett und nur zu einem kleinen Anteil aus ungesättigten Omega-3-Fetten, die im Fisch enthalten sind.

Auf Pukapuka sah es etwas anders aus. Hier kamen nur 35 Prozent der Energie aus Fett, aber auch hier hätte der hohe Anteil an gesättigten Fettsäuren die DGE erschauern lassen. Doch wie gesagt, auf beiden Inseln gab es kaum Erkrankungen und vor allem nicht jene, die den gesättigten Fettsäuren angekreidet werden.

Ausgewandert und erkrankt

Waren die Insulaner immun gegen solche Krankheiten? Offenbar nicht. Es gab immer wieder Inselbewohner, die nach Neuseeland auswanderten. Dort aßen sie weniger Fett, vor allem weniger gesättigte Fettsäuren, und stattdessen aßen sie „moderne Zivilisationskost", also vor allem mehr Mehl, Zucker und Reis. Sie entwickelten alle möglichen Krankheiten, die eigentlich den gesättigten Fettsäuren zugeschrieben werden. Immun waren die Inselbewohner also nicht; daran konnte es nicht liegen. Sind diese speziellen gesättigten Fettsäuren vielleicht doch nicht so ungesund? Oder sind sie nur für Südseeinsulaner gesund?

Ein Ausflug in die Wissenschaft

Noch ein Blick in die Vergangenheit

Zweifellos beeinflusst unsere Ernährung die Gesundheit. Je weiter unsere Ernährung sich von der noch recht natürlichen Ernährung unserer Vorfahren entfernte, umso mehr nahmen Krankheiten zu, vor allem die so genannten chronisch-degenerativen wie zum Beispiel Herz-Kreislauf-Krankheiten.

Oft wurde versucht, Schuldige für diese Entwicklung zu finden. So wurde zum Beispiel in den 50er-Jahren behauptet, dass ein erhöhter Fettkonsum – vor allem bestimmter gesättigter Fettsäuren – den Cholesterinspiegel erhöhen kann. Und weil man Cholesterin in den Ablagerungen an den Arterienwänden gefunden hatte und es deshalb für die Ursache dieser Ablagerungen hielt, ging man davon aus, dass gesättigte Fettsäuren für die Ablagerungen und ihre Folgen – Arteriosklerose, Herzinfarkt, Schlaganfall und anderes mehr – verantwortlich seien. Fortan glaubten Ernährungswissenschaftler und Ärzte, dass gesättigte Fettsäuren ungesund seien und dass sie die Schuld an der Zunahme dieser Krankheiten tragen.

Die Wahrheit ist – wie meist bei Ernährungsfragen – viel komplizierter. So ist zum Beispiel Cholesterin allenfalls *ein* Risikofaktor unter vielen und sicherlich nicht einer der wichtigsten. Denn wahrscheinlicher ist: Cholesterin wurde zu Unrecht verteufelt. Schließlich wird es vom Körper selbst in großen Mengen hergestellt und zum Beispiel zur Schadensbegrenzung eingesetzt, unter anderem an beschädigten Arterienwänden.

Daher ist es viel wahrscheinlicher, dass die Ursache der Krankheiten woanders liegt und Cholesterin vom Körper nur eingesetzt wird, um noch größere Schäden zu verhindern. Fest steht zur Zeit lediglich: Die Frage ist noch nicht endgültig geklärt.

So richtig populär wurden die Vorurteile gegen die gesättigten Fettsäuren, als sie von der Öl- und Margarineindustrie aufgegriffen und als Marketinginstrumente für die eigenen Produkte eingesetzt wurden. Die Botschaft „Ungesättigte Fettsäuren sind gesund, gesättigte Fettsäuren sind schlecht!" wurde mit großem Werbeaufwand verbreitet, und zwar mit soviel Nachdruck, dass heute fast jeder – ob Laie, Ernährungswissenschaftler oder Therapeut – ganz genau „weiß": „Ungesättigte Fettsäuren sind gesund, gesättigte Fettsäuren sind schlecht."

Schon die erste Schlussfolgerung war falsch!

Schauen wir uns einmal genauer an, ob dieses Vorurteil gegenüber gesättigten Fettsäuren auf einer soliden Basis steht. Es gibt zwar zahllose Studien, die einen Zusammenhang zwischen der konsumierten Fettmenge und der Entwicklung von Krankheiten untersucht haben. Aber: Das angesehene *British Medical Journal* hat sich im Jahr 2001 die Mühe gemacht und nach Studien gesucht, die einer wissenschaftlichen Überprüfung standhalten. Unter 1.700 Studien fanden sich nur 27, die verwertbar waren. Die restlichen hielten einer genauen Überprüfung nicht stand. Und diese 27 Studien haben das Vorurteil der verheerenden Wirkung von Fett nicht bestätigt, sondern kamen zu dem Ergebnis, dass eine deutliche Einschränkung des Fettkonsums die Lebenserwartung im Durchschnitt bestenfalls um drei bis vier Monate verlängere.

Wie immer gibt es auch Studien, die das Gegenteil zu belegen scheinen. Es gab zum Beispiel Tierversuche, bei denen das Fett in der Ernährung von Versuchstieren ausschließlich aus gehärtetem Kokosfett bestand. Bei diesen Versuchen erhöhte das gehärtete Kokosfett tatsächlich den Cholesterinspiegel der Versuchstiere. Doch gehärtetem Kokosfett fehlen alle essenziellen Fettsäuren, selbst ungehärtetes enthält davon nur wenig. Und eine Ernährung, die zu wenig essenzielle Fettsäuren enthält, führt zwangsläufig zu einer Erhöhung des Cholesterinspiegels und zu diversen Folgeschäden. Die Ursache für den erhöhten Cholesterinspiegel lag bei diesen Versuchen also nicht im Kokosfett begründet, sondern darin, dass die Ernährung ganz unnatürlich war und überhaupt keine essenziellen Fettsäuren enthielt. Die Schuld wurde jedoch den gesättigten Fettsäuren angekreidet.

Die erwähnten Insulaner haben übrigens außer dem Kokosfett auch immer essenzielle Fettsäuren verzehrt, darunter die wichtigen und bei uns oft recht knappen Omega-3-Fette, die Fisch enthält.

Umgekehrt hat es Versuche mit ungesättigten Fettsäuren gegeben, die belegen sollten, dass diese den Cholesterinspiegel senken können. Scheinbar war dies sogar richtig, der Cholesterinspiegel *im Blut* sank tatsächlich oft etwas ab. Doch in weiteren Versuchen musste man feststellen, dass der Körper das Cholesterin lediglich aus dem Blut abgezogen hatte, weil es an anderer Stelle dringend gebraucht wurde. Die angeblich so gesunden ungesättigten Fettsäuren waren nämlich vermehrt in die Zellwände eingebaut worden, die dadurch jedoch zu weich wurden. Um diesem Effekt entgegenzuwirken, baut der Körper vermehrt Cholesterin in die Zellwände ein, da es sie stärken und dichter machen kann. Dadurch sinkt zwar wirklich der Cholesterinspiegel im Blut, aber nur, weil es an anderer Stelle zur Reparatur von Schäden gebraucht wird, die durch ungesättigte Fettsäuren verursacht wurden.

Fett ist nicht gleich Fett

Bevor ich näher auf die Vorteile von Kokosfett eingehen kann, will ich kurz erläutern, was Fette und Öle überhaupt sind.

Zuerst zum Unterschied zwischen Fett und Öl: Beide bestehen aus einer Mischung von Fettsäuren. Sie unterscheiden sich nur dadurch, dass Öle bei durchschnittlicher Zimmertemperatur flüssig sind, während Fette dann fest sind – das ist, wohlgemerkt, eine recht willkürliche Unterscheidung. Deshalb beschränke ich mich hier auf den Begriff „Fette" und meine damit beides.

Fette bestehen vor allem aus Fettsäuren. Zumindest sind dies die für uns wichtigsten Bestandteile. Fette werden durch den

Verdauungsprozess in diese Fettsäuren zerlegt. Die Auswirkungen der Fette lassen sich nur verstehen, wenn wir eine Vorstellung vom Aufbau der Fettsäuren haben, denn ihr unterschiedlicher Aufbau bedingt ihre unterschiedlichen Eigenschaften.

Dabei sind vor allem vier Unterscheidungsmerkmale von Interesse:

1. Wie lang sind die Moleküle der Fettsäuren?
2. Sind die Fettsäuren gesättigt oder sind sie einfach oder mehrfach ungesättigt?
3. Bei den ungesättigten Fettsäuren ist es wichtig zu unterscheiden, ob sie in der natürlichen, gekrümmten „Cis-Form" oder in der unnatürlichen, geraden „Trans-Form" vorliegen.
4. Neigen die Fettsäuren dazu, freie Radikale zu bilden?

Diese Punkte sind wichtig, denn viele Laien – aber auch viele Therapeuten – beurteilen Fette nur danach, ob sie gesättigt oder ungesättigt sind. Dabei ist diese Eigenschaft längst nicht mehr die einzig wichtige, sie ist sogar zweitrangig und irreführend!

Die Länge – kurzkettige, mittelkettige und langkettige Fettsäuren

Eine Fettsäure besteht vor allem aus einer Kette von Kohlenstoff-Atomen. Ist diese Kette bis zu sechs Atome lang, spricht man von einer kurzkettigen Fettsäure. Bei einer Länge von acht bis zwölf Atomen spricht man von mittelkettigen und bei noch längeren von langkettigen Fettsäuren. Manche Forscher zählen auch die 14 Atome lange Myristinsäure noch mit zu den mittelkettigen Fettsäuren.

Wichtig zu wissen ist: Die Länge bestimmt die Eigenschaften jeder einzelnen Fettsäure mit.

Kurzkettige Fettsäuren:

```
      H H H O
      | | | ||
  H-C-C-C-C-O-H
      | | |
      H H H
```
Buttersäure

```
      H H H H H O
      | | | | | ||
  H-C-C-C-C-C-C-O-H
      | | | | |
      H H H H H
```
Capronsäure

Mittelkettige Fettsäuren:

```
      H H H H H H H O
      | | | | | | | ||
  H-C-C-C-C-C-C-C-C-O-H
      | | | | | | |
      H H H H H H H
```
Caprylsäure

```
      H H H H H H H H H O
      | | | | | | | | | ||
  H-C-C-C-C-C-C-C-C-C-C-O-H
      | | | | | | | | |
      H H H H H H H H H
```
Caprinsäure

```
      H H H H H H H H H H H O
      | | | | | | | | | | | ||
  H-C-C-C-C-C-C-C-C-C-C-C-C-O-H
      | | | | | | | | | | |
      H H H H H H H H H H H
```
Laurinsäure

Langkettige Fettsäuren:

```
      H H H H H H H H H H H H H O
      | | | | | | | | | | | | | ||
  H-C-C-C-C-C-C-C-C-C-C-C-C-C-C-O-H
      | | | | | | | | | | | | |
      H H H H H H H H H H H H H
```
Myristinsäure

```
    H H H H H H H H H H H H H H H O
    | | | | | | | | | | | | | | | ‖
H-C-C-C-C-C-C-C-C-C-C-C-C-C-C-C-C-O-H
    | | | | | | | | | | | | | | |
    H H H H H H H H H H H H H H H
```

Palmitinsäure

```
  H H H H H H H H H H H H H H H H H O
  | | | | | | | | | | | | | | | | | ‖
H-C-C-C-C-C-C-C-C-C-C-C-C-C-C-C-C-C-C-O-H
  | | | | | | | | | | | | | | | | |
  H H H H H H H H H H H H H H H H H
```

Stearinsäure

Der Körper geht mit den kurz- und mittelkettigen Fettsäuren ganz anders um als mit den langkettigen. Die langkettigen müssen an spezielle Transporteiweiße (so genannte Lipoproteine) gebunden werden, damit sie in dieser Form über die Lymphe und das Blut zu den Zellen gelangen und dort verarbeitet oder im Fettgewebe gespeichert werden. Die kurz- und mittelkettigen Fettsäuren brauchen dieses Transporteiweiß nicht. Sie werden vom Körper ähnlich wie Kohlenhydrate behandelt und gelangen vor allem zur Leber, wo sie zur Energiegewinnung genutzt werden.

Die langkettigen Fettsäuren speichern sehr viel Energie auf kleinem Raum. Sie haben also die größere „Energiedichte". Die meisten pflanzlichen und tierischen Fette bestehen deshalb vorwiegend aus langkettigen Fettsäuren. Ein hoher Anteil kurz- und mittelkettiger Fettsäuren findet sich fast nur in Butterfett, Palmöl und Kokosfett (zur Zusammensetzung der Fette später mehr).

Gesättigte und ungesättigte Fettsäuren

Eine weitere Eigenschaft der Fettsäuren ist ihre Sättigung. Jedes Kohlenstoffatom (C) hat vier „Arme" (Valenzen). Bei den gesättigten Fettsäuren sitzen an zwei der vier Arme Wasserstoff-Atome (H), außer an den beiden Enden der Ketten. Die beiden anderen Arme sind mit je einem benachbarten Kohlenstoff-Atom verbunden (in der obigen Abbildung des Stearinsäure-Moleküls können Sie das gut erkennen).

Bei den ungesättigten Fettsäuren sitzt dagegen an zwei oder mehr benachbarten Stellen nur je ein Wasserstoff-Atom am Kohlenstoff-Atom. Dadurch haben diese benachbarten Atome je einen zusätzlichen Arm frei, mit dem sie sich aneinander festhalten können.

Kommt diese Doppelbindung an *einer* Stelle vor, ist es eine einfach ungesättigte Fettsäure, kommt sie an *mehreren* Stellen vor, so handelt es sich um eine mehrfach ungesättigte Fettsäure.

$$\begin{array}{cc}
\begin{matrix} \text{H} & \text{H} \\ | & | \\ -\text{C} & -\text{C}- \\ | & | \\ \text{H} & \text{H} \end{matrix}
&
\begin{matrix} \text{H} & \text{H} \\ | & | \\ -\text{C} & =\text{C}- \end{matrix}
\end{array}$$

Einfachbindung   Doppelbindung

Einfach ungesättigte Fettsäure:

$$\text{H}-\text{C}-\text{C}-\text{C}-\text{C}-\text{C}-\text{C}-\text{C}-\text{C}=\text{C}-\text{C}-\text{C}-\text{C}-\text{C}-\text{C}-\text{C}-\text{C}-\text{O}-\text{H}$$

Ölsäure

Mehrfach ungesättigte Fettsäure:

$$\text{H}-\text{C}-\text{C}-\text{C}-\text{C}-\text{C}=\text{C}-\text{C}-\text{C}=\text{C}-\text{C}-\text{C}-\text{C}-\text{C}-\text{C}-\text{C}-\text{C}-\text{O}-\text{H}$$

Linolsäure

Wie schon erwähnt: Lange wurde angenommen, dass alle gesättigten Fettsäuren ungesund und viele ungesättigte Fettsäuren gesund seien. So einfach ist es jedoch nicht.

Ob eine Fettsäure als gesund oder als ungesund gilt, wurde früher häufig daran festgemacht, ob sie den Cholesterinspiegel erhöhte. Das war jedoch viel zu kurz gedacht, vor allem aus zwei Gründen:

1. Es gibt (außer bei erblicher Hypercholesterinämie) keinen deutlichen Zusammenhang zwischen der Höhe des Cholesterinspiegels, der Neigung zu bestimmten Krankheiten und der Lebenserwartung. Nur weil etwas den Cholesterinspiegel ansteigen lässt, muss es nicht ungesund sein.

2. Viel wichtiger ist: Konzentriert man sich bei den Experimenten nur auf den Cholesterinspiegel, übersieht man die positiven Wirkungen vieler Fettsäuren. Gerade bei den mittelkettigen findet sich nämlich Erstaunliches: Sie regen den Stoffwechsel an, wirken gegen viele Viren, gegen bestimmte Bakterien und Pilze, sie steigern die Leistungsfähigkeit, sind leicht verdaulich und stärken das Immunsystem, um nur einige Wirkungen zu nennen. Auf diese positiven Wirkungen müsste man verzichten, würde man die mittelkettigen Fettsäuren aus Angst vor ihrer Wirkung auf den Cholesterinspiegel meiden.

Inzwischen stellt sich sogar heraus: *Die ungesättigten Fettsäuren sind keineswegs so uneingeschränkt gesund, wie man lange geglaubt hat.*

Sie sind vor allem aus drei Gründen problematisch:

- Sie neigen zur Bildung von Trans-Fettsäuren.
- Sie neigen zur Bildung von freien Radikalen.
- Sie fördern die Entstehung von Übergewicht.

Gefährlich: Trans-Fettsäuren

Es gibt zwei Formen der ungesättigten Fettsäuren: die natürliche Cis-Fom und die – vor allem bei der chemischen Härtung künstlich erzeugte – Trans-Form. Bei der Cis-Form stehen die Wasserstoff-Atome (H) an der Doppelbindung nahe bei einander auf der gleichen Seite und stoßen sich deshalb gegenseitig ab. Die Kette wird dadurch gebogen, es entsteht ein Knick von etwa 40 Grad.

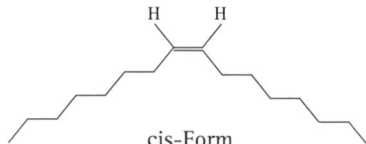

cis-Form

Daher sind die obigen Abbildungen in der Struktur nicht ganz korrekt. Die doppelt ungesättigte Linolsäure hat zwei „Knickstellen" und sieht daher so aus:

```
                                 H
                                 |
                                 O
                                 ‖
                           O = C
                           H – C – H
                           H – C – H
                           H – C – H
                           H – C – H
                           H – C – H
                           H – C – H
                           H – C – H
                       H        C
       H H H H H        \      / \ H
       | | | | |         \    /   \
   H – C – C – C – C – C = C – C    H
       | | | | | |           \    /
       H H H H H H            C = C
                                   \
                                    H
```

Bei der chemischen Härtung zur Erzeugung der Trans-Form wird die Position der Wasserstoff-Atome verändert. Sie stehen sich nun gegenüber, sind viel weiter voneinander entfernt, stoßen sich nicht mehr ab, es entsteht kein „Knick".

```
                         H
                         ‖
\_/\_/\_/\_____/\_/\_/\_/\_/\_/\_/
                         ‖
                         H
```

trans-Form

Die Linolsäure nimmt dann diese Form an:

```
    H H H H H   H H   H H H H H H H H O
    | | | | |   | |   | | | | | | | | ‖
H – C–C–C–C–C = C–C–C = C–C–C–C–C–C–C–C–O–H
    | | | | |   | |   | | | | | | | |
    H H H H H   H H   H H H H H H H H
```

trans-Linolsäure

Die Trans-Linolsäure ist zwar nach wie vor eine doppelt ungesättigte Fettsäure, sie hat jedoch eine völlig andere Form als die
natürliche Cis-Linolsäure. Man kann sich leicht vorstellen, dass
diese Form im Körper eine ganz andere Wirkung hat als die ge-
bogene Form.

Ein Beispiel für die Folgen: Die Trans-Fette werden statt der
Cis-Fette in die Zellwände eingebaut, die dadurch durchlässiger
und labiler werden.

In der Folge wird das Zellinnere basischer, das Blut im Versuch, dies auszugleichen, wird saurer. (Die Gründe für das Ab-
gleiten ins Basische sind kompliziert. Es hängt mit einer ganzen
Kaskade von Ereignissen zusammen, die damit beginnt, dass
durch die durchlässigere Zellwand vermehrt Sauerstoff ins Zellinnere gelangt, dann dort mehr freie Sauerstoffradikale entstehen, die zur stärkeren Freisetzung von Natrium führen, das sich
mit Carbonaten zu alkalischen Komponenten verbindet. Am Ende
ist das Zellinnere basischer.)

Interessant ist in diesem Zusammenhang – auch wenn es etwas
vom Thema wegführt: Der Körper versucht, gegen diese zu basische
Situation im Inneren der Zelle zu arbeiten, indem er das Blut saurer
macht. Das verleitet jedoch viele Therapeuten – die schon einmal
etwas vom Säure-Basen-Haushalt gehört haben und saures Blut
(und damit sauren Urin) für etwas ganz Gefährliches halten – dazu,
Basenmittel und basenüberschüssige Ernährung zu empfehlen. Die
Folge: Die verzweifelten Versuche des Körpers, den zu basischen Zu-
stand im Inneren der Zellen auszugleichen, werden durch die zusätzliche Zufuhr von Basen zunichte gemacht. Das Zellinnere bleibt
zu basisch und es entwickeln sich dadurch schwerste Krankheiten.

Die Lehre daraus? Wer die Zusammenhänge nicht versteht –
und die werden in der gesamten Literatur über den Säure-Basen-
Haushalt nicht verstanden –, kann nicht einschätzen, ob er wirklich das Problem behandelt oder ob er stattdessen gegen Kom-
pensationsversuche des Körpers vorgeht.

Doch zurück zu den Trans-Fettsäuren, die noch andere Gefahren in sich bergen. Sie führen zum Beispiel dazu, dass die roten Blutkörperchen das Bauchspeicheldrüsenhormon Insulin nicht mehr so gut an sich binden können und tragen so zur Entwicklung von Diabetes bei.

Sie erhöhen das Herzinfarktrisiko deutlich. Bei einer über 14 Jahre andauernden Studie, an der 80.000 Krankenschwestern teilnahmen, stellte sich heraus: Diejenigen, die am meisten Trans-Fette konsumiert hatten, hatten ein um 53 Prozent höheres Herzinfarktrisiko als diejenigen, die nur wenig Trans-Fette mit der Nahrung aufnahmen (*New England Journal of Medicine*, 20. Nov. 1997).

Übrigens fand man in dieser Studie auch heraus, dass das Herzinfarktrisiko keineswegs mit der konsumierten Fettmenge stieg. Das Risiko war bei denen, die 46 Prozent ihrer Kalorien aus Fett bezogen, nicht größer als bei jenen, wo der Fettanteil nur bei 29 Prozent lag.

Könnte es daher sein, dass das Infarktrisiko *nicht* von der Menge der konsumierten gesättigten Fettsäuren abhängt? Könnten stattdessen die Trans-Fettsäuren – die aus ungesättigten Fettsäuren stammen – eine Ursache sein?

Leider sind diese Trans-Fettsäuren in vielen Produkten enthalten, so zum Beispiel auch in den meisten Margarinen und in Produkten, die mit so genannten „teilweise gehärteten" ungesättigten Ölen hergestellt wurden. Der Anteil des Verzehrs an Trans-Fettsäuren liegt übrigens bei vielen Konsumenten bei 15 Gramm am Tag und mehr. Und oft bekommen gerade jene am meisten von diesen Schadstoffen ab, die versuchen, sich mit Margarine oder pflanzlichen Ölen möglichst gesund zu ernähren.

Aber auch viele Kinder und Jugendliche der Fastfood-Generation werden den Trans-Fetten stark ausgesetzt, da sie in vielen Produkten enthalten sind, zum Beispiel in Nuss-Nougat-Aufstrichen, Pommes frites, vielen Kekssorten, Schmelzkäse und auch in vielen der so genannten Convenience- und Fastfood-Produkte. Selbst Säuglinge, die gestillt werden, sind vor Trans-Fetten nicht geschützt. Je mehr die Mutter davon konsumiert, umso höher ist deren Gehalt in der Muttermilch. Da Trans-Fette vom Körper des Säuglings sogar in die Zellwände der Gehirnzellen eingebaut werden, können auch an diesem Organ Schäden entstehen. Die Folgen können Sie sich ausmalen. Würde statt der ungesättigten Fettsäuren mehr Kokosfett verwendet – oder andere weitgehend gesättigte Fette wie Butter –, so wäre diese Gefahr wesentlich geringer.

Trans-Fette haben praktische Vorteile – aber nicht für Sie!

Trans-Fette sind zwar für Ihre Gesundheit schlecht, haben aber für die Nahrungsmittelindustrie viele Vorteile. So lässt sich zum Beispiel die knusprige Konsistenz von Plätzchen nur mit Fetten erreichen, die auch bei höheren Temperaturen fest sind. Trans-Fette sind – auf Grund ihrer räumlichen Struktur – fester als Cis-Fette der gleichen Fettsäure. Soll beim Backen ein pflanzliches Öl verwendet werden, muss es erst in seine Trans-Form umgewandelt werden – zumindest zum Teil. Das heißt, das Öl muss „teilweise gehärtet" werden. Den Plätzchenteigen kann dann sogar mehr Fett beigemischt werden, ohne dass sich die Plätzchen deshalb fettig anfühlen.

Wenn Sie also die Angabe „Pflanzenfett, teilweise gehärtet" auf dem Etikett finden, wissen Sie, worum es dabei geht. Das Wort „teilweise" suggeriert zwar, dass der Anteil des gehärteten Fettes nur gering sei, doch er liegt oft bei über 50 Prozent.

Margarine ist – wenn sie nicht mit einem hohen Anteil Kokosfett oder Palmfett hergestellt wird – bei Raumtemperatur nur streichfest, wenn die in ihr enthaltenen Fette teilweise gehärtet wurden. Sie enthält also Trans-Fette – und oft ist ihr Anteil sehr hoch.

Bei Bratfetten ist die Streichfestigkeit zwar kein Problem, doch müssen auch sie – wenn es sich um ungesättigte Pflanzenfette handelt – durch teilweise Härtung stabilisiert werden. Sie würden sich sonst durch die starke Hitze schnell verändern und zum Beispiel freie Radikale bilden.

Im Grunde kann man sagen, dass sich die Trans-Fette zwar wie gesättigte Fette einsetzen lassen. Doch weiter gehen die Gemeinsamkeiten nicht. In ihrer Wirkung auf das biologische System Mensch sind sie völlig anders. Und sie sind schädlich. Es würde hier zu weit führen, auf alle Gründe für die Verwendung dieser Fette genauer einzugehen. Es hängt nicht nur damit zusammen, dass die Trans-Fette für Lebensmittelhersteller sehr preisgünstig sind und die Gewinnspanne erhöhen. Ein wichtiger Grund liegt auch in dem Missverständnis, gesättigte Fettsäuren seien ungesund. Dieses Missverständnis hat dazu geführt, dass ein Ersatz für die gesättigten Fette gesucht wurde – und da boten sich die gehärteten pflanzlichen Fette an, zumal man sich anfangs der schädlichen Wirkung der Trans-Fette nicht bewusst war. Inzwischen ist dieses Problem jedoch erkannt worden. Es ist an der Zeit, wieder zu den gesunden mittelkettigen Fettsäuren zurückzukehren – etwa zu denen, die vor allem im Kokosfett so reichlich enthalten sind.

Gefährlich: Freie Radikale

Ungesättigte Fettsäuren sind durch ihre Doppelbindung nicht nur nach ihrer Umwandlung in Trans-Fette problematisch. Unter der Einwirkung von Hitze, Luft, Licht und anderen Faktoren können sie leicht oxidieren und erzeugen dann freie Radikale. Die wiederum lassen die Fette ranzig werden.

Das Heimtückische daran: Die Ranzigkeit wirkt sich bei reinen Fetten nicht deutlich auf den Geschmack aus. Wir merken nicht unbedingt an Geruch oder Geschmack, wenn ein Fett ranzig ist. Nur wenn sich die ranzigen Fette auf andere Nahrungsbestandteile auswirken und diese verändern, entstehen Nebenprodukte, die wir als ranzig schmecken oder riechen können. Das ist zum Beispiel bei der Butter der Fall, in der die ranzigen Fette sich auf das Eiweiß auswirken, das nur in geringen Mengen enthalten ist.

Mit der Ranzigkeit ist es so eine Sache. Werden etwa Fette aus Nüssen und Samen gepresst – und sei es auf noch so schonende Weise –, werden die Fette unvermeidlich Licht, Hitze und dem Sauerstoff in der Luft ausgesetzt. Abhängig vom Verfahren der Herstellung, der Aufbewahrung und der Zeitdauer bis zum Verzehr oxidiert ein Produkt mal mehr, mal weniger, aber es entstehen praktisch immer freie Radikale, die wir nicht bemerken.

Freie Radikale sind für unsere Zellen äußerst schädlich. Sie werden unter anderem dafür verantwortlich gemacht, dass das Krebsrisiko durch den Verzehr von ungesättigten Fettsäuren steigt. Sie sind auch bekannt dafür, dass sie das Immunsystem schwächen. Sie schädigen die Haut, lassen sie schneller altern und sind auch der Grund für die Entstehung der so genannten Leberflecken, von vielen weiteren negativen Wirkungen abgesehen.

Am besten lässt sich die Entstehung von freien Radikalen vermeiden, wenn Öle möglichst frisch und schonend hergestellt und verzehrt werden, am besten frisch und an dem Ort, an dem sie verbraucht werden, so wie es früher in vielen Dörfern zum Beispiel bei Leinöl der Fall war, das ganz besonders schnell ranzig wird. Doch wer hat heute noch eine Ölmühle zu Hause?

Noch besser wäre es bei Nüssen und Samen, statt des Öls die Nuss oder den Samen ungepresst, in der natürlichen Form, zu verwenden. Es wäre viel besser, Sonnenblumenkerne oder Walnüsse über einen Salat zu geben statt deren Öle.

Bei gesättigten Fettsäuren besteht das Problem der Radikalenbildung hingegen nicht. Hitze, Luft und Licht können ihnen nichts anhaben, weil sie keine Doppelbindungen haben. Sie eignen sich daher besonders gut für Speisezubereitungen, bei denen Fett erhitzt wird, also zum Braten, Backen und Kochen.

Wir brauchen auch die essenziellen Fettsäuren!

Damit keine Missverständnisse aufkommen: Auch wenn ungesättigte Fettsäuren Risiken in sich tragen, kommen wir nicht ganz ohne sie aus. Wir brauchen zumindest die essenziellen (Linolsäure, Linolensäure), die unser Körper nicht selbst herstellen kann, jedoch in verschiedenen Stoffwechselprozessen benötigt. Ich fordere hier also keineswegs dazu auf, ganz auf ungesättigte Fettsäuren zu verzichten. Es geht vielmehr darum, sie entweder aus Nüssen und Samen zu erhalten oder Öle bester Qualität zu verwenden und sie maßvoll und sinnvoll einzusetzen. Das bedeutet: Diese Öle sollten *nicht* zum Braten, Backen und Kochen verwendet werden, und Sie sollten außerdem nicht zu viel davon verzehren.

Bei den ungesättigten Fettsäuren sollten Sie jedoch darauf achten, dass die Verhältnisse stimmen: Nehmen Sie Omega-6- und Omega-3-Fettsäuren im Verhältnis 4:1 auf. Dies wird von Ernährungswissenschaftlern heute als ideales Verhältnis angesehen. In Europa beträgt dieses Verhältnis jedoch meist 20:1. Wir nehmen also viel zu wenig Omega-3-Fettsäuren bzw. zu viel Omega-6-Fettsäuren zu uns.

Dabei ist es nicht einmal schwer, sich mit den benötigten Fetten zu versorgen: Leinöl und Fisch sind nur zwei Beispiele für Nahrungsmittel, die reich an Omega-3-Fettsäuren sind (Nüsse und Samen enthalten hingegen reichlich Omega-6-Fettsäuren.).

An dieser Stelle kommt nun wieder das Kokosfett ins Spiel. Werden in der Nahrung Omega-6-Fettsäuren teilweise durch Kokosfett *ersetzt*, so verschiebt sich das Verhältnis zu Gunsten der Omega-3-Fettsäuren.

Wie viel brauchen wir von den ungesättigten Fettsäuren?

Der Tagesbedarf an Omega-6-Fettsäuren liegt beim Erwachsenen bei ungefähr zwei bis drei Prozent des gesamten Kalorienbedarfs.

Bei einem Tagesverbrauch von 2000 kcal entspricht dies einer Menge von fünf bis 6,6 Gramm. Das ist viel weniger, als wir bei einer gemischten Ernährung zu uns nehmen. Selbst wenn wir das meiste Fett in Form von Kokosfett zu uns nähmen, würden wir unserem Körper bei einer gemischten Ernährung immer noch ausreichend Omega-6-Fette zuführen.

Der Tagesbedarf an Omega-3-Fetten ist noch geringer. Er liegt bei etwa 1 bis 1,5 Prozent der Kalorien, also bei 2,2 bis 3,3 Gramm. Fällt der Verbrauch von Omega-6-Fettsäuren jedoch deutlich höher aus, muss auch der Anteil der Omega-3-Fettsäuren erhöht werden, um das Verhältnis von 4:1 einigermaßen einzuhalten.

Man kann aus dem Gesagten also einen Schluss ziehen: Es ist unproblematisch, Fett weitgehend durch Kokosfett zu ersetzen, solange genügend Omega-3-Fettsäuren zugeführt werden. Das Kokosfett hilft sogar, den Verbrauch an Omega-6-Fettsäuren zu verringern und trägt dazu bei, das Verhältnis der beiden Omega-Fettsäuren zueinander zu verbessern.

Kokosfett ist gesund

Bisher ging es vor allem darum, die weit verbreiteten Vorurteile gegen gesättigte Fettsäuren auszuräumen. Aber warum sollte ich überhaupt Kokosfett empfehlen? Es gibt drei gute Gründe dafür:

1. Es geht in der Ernährung nicht ohne Fett.
2. Für viele Zwecke ist Kokosfett deutlich besser geeignet als ungesättigte Fette.
3. Kokosfett ist ausgesprochen gesund.

Auf den nächsten Seiten gehe ich auf diese Punkte näher ein.

Es geht nicht ohne Fett

Die oben beschriebenen Gefahren der ungesättigten Fettsäuren ließen sich verringern, wenn der Verzehr von Fett insgesamt reduziert würde. Warum sollte ich dazu raten, Kokosfett an Stelle anderer Fette zu verwenden, statt den Fettkonsum zu verringern?

Ganz abgesehen davon, dass wir auf jeden Fall Fett in unserer Ernährung benötigen, stoßen wir auf zwei weitere Probleme: Vieles schmeckt nur dann wirklich gut, wenn es genug Fett enthält. Und Fetthaltiges sättigt besser und anhaltender als fettarme Kost.

Was passiert, wenn wir den Fettkonsum verringern wollen? Die Hersteller von fettarmen Light-Produkten haben sich schon immer mit diesem Problem herumgeschlagen. Um ihren fettarmen Produkten zu einem angenehmen Geschmack zu verhelfen, müssen sie mit allen möglichen Tricks arbeiten. Dabei greifen sie vor allem auf künstliche Aromastoffe und Geschmacksverstärker wie das recht schädliche Natriumglutamat zurück, denn Fett ist ein guter Träger und Vermittler des Geschmacks. Je mehr Fett einem Light-Produkt entzogen wird, umso mehr wird ihm auch der eigene Geschmack entzogen – und der muss dann durch künstliche Zusatzstoffe ersetzt werden.

Die Verbraucher haben jedoch daneben das Problem, dass die Light-Produkte – die eigentlich zur Kalorieneinsparung und Gewichtsreduzierung gekauft werden – nur selten zu dem erhofften Erfolg führen. Die Erfahrung zeigt, dass sie nicht so gut sättigen. Die Folge: Viele essen einfach während der Mahlzeit mehr – „Es ist ja alles so schön leicht" – und haben sich am Ende mehr Kalorien zugeführt als mit nicht fettreduzierten Produkten. Oder sie bekommen schon bald wieder Hunger, essen etwas und machen sich damit die erhoffte Kalorieneinsparung erst recht zunichte.

Fett erfüllt darüber hinaus einige wichtige Funktionen. Wir brauchen zum Beispiel eine gewisse Menge Fett, um die fettlöslichen Vitamine und andere Nährstoffe aufnehmen und verwerten zu können.

Der Fettverbrauch kann also nur in Grenzen verringert werden. Dagegen ist es bei vielen Speisen recht leicht, ungeeignete Fettsorten durch geeignetes Fett – wie Kokosfett – zu ersetzen. Und wenn dieses Fett noch dazu hilft, Übergewicht zu vermeiden oder sogar abzubauen – umso besser. Dazu später mehr.

Oft ist Kokosfett deutlich besser

Ungesättigte Fettsäuren sind empfindlich und deshalb nicht für alle Zwecke geeignet. Weil ungesättigte Fettsäuren in der Küche nur verwendet werden können, wenn sie nicht erhitzt werden – also eigentlich nur in Salatsoßen und zur Herstellung von Mayonnaise –, müssen oft die gesättigten Fettsäuren zum Einsatz kommen.

An natürlichen Produkten stehen dabei zur Auswahl:
- Butterfett oder Ghee (Butter kommt nur dann in Frage, wenn sie nicht stark erhitzt wird, denn sie enthält geringe Mengen Eiweiß, das bei starkem Erhitzen zu schädlichen Stoffen verkohlt)

- Palmfett
- Palmkernfett
- Kokosfett

Von diesen Alternativen ist Kokosfett am besten geeignet. Es hat den höchsten Anteil gesättigter Fettsäuren und zusätzlich den Vorteil, eine Reihe gesunder Fettsäuren zu enthalten. Daher empfehle ich, Kokosfett zumindest immer dann zu verwenden, wenn etwas erhitzt wird. In Kapitel 9 gehe ich näher darauf ein, wie Sie in Rezepten vorgegebene Fette durch Kokosfett ersetzen können.

Fette und Öle sind Mischungen

Bei genauer Betrachtung der unterschiedlichen Fette und Öle sieht man, dass sie jeweils aus einer Mischung verschiedener Fettsäuren bestehen. Natürliche Fette enthalten sowohl gesättigte als auch ungesättigte Fettsäuren, sowohl kurz-, mittel- als auch langkettige. In der folgenden Tabelle finden Sie die Zusammensetzungen einiger typischer Fette und Öle. Wie Sie sehen, ist gerade beim Kokosfett der Anteil gesättigter Fettsäuren am höchsten. Daher ist es am besten zum Erhitzen geeignet und steht ganz im Gegensatz zu Fetten mit einem hohen Anteil an ungesättigten Fettsäuren.

Übrigens: Wie Sie sehen, enthalten die tierischen Fette, die allgemein als gesättigte Fette angesehen werden, meist mehr ungesättigte als gesättigte Fettsäuren. Sie sollten daher eigentlich zu den ungesättigten Fettsäuren gerechnet werden.

Anteile von Fettsäuren in unterschiedlichen Nahrungsfetten			
	Prozentualer Anteil an		
Nahrungsfett	gesättigten Fettsäuren	einfach ungesättigten Fettsäuren	mehrfach ungesättigten Fettsäuren
Kokosfett	92	6	2
Palmkernfett	83	18	1
Butter	66	30	4
Kakaobutter	60	38	2
Palmfett	49	40	10
Rinderfett	49	48	3
Muttermilch	48	33	16
Schweinefett	44	45	11
Hühnerfett	30	50	20
Sardinenöl	30	26	42
Heringsöl	20	59	16
Lachsöl	17–28	37–49	23–45
Olivenöl	15	73	10
Sojaöl	15	22	62
Maiskeimöl	14	27	59
Sonnenblumenöl	13	18	69
Distelöl	9	11	80

Kokosfett ist gesundheitsfördernd

In den nachfolgenden Kapiteln werden Sie sehen, dass Kokosfett nicht nur weniger negative Auswirkungen als viele andere Fette hat, sondern helfen kann, die Gesundheit in einigen wichtigen Punkten zu verbessern.

Vergleich zwischen Kokosfett und Butter

Wenn wir die Zusammensetzung von Butter und Kokosfett vergleichen, zeichnet sich Kokosfett vor allem durch seinen wesentlich höheren Gehalt an Laurinsäure aus. Wie weiter unten zu sehen sein wird, ist es gerade diese Fettsäure, die besonders zur gesunden Wirkung von Kokosfett beiträgt. Butter ist nicht schlecht, aber Kokosfett ist besser.

Anteile von Fettsäuren in Kokosfett und Butter		
Fettsäure	Kokosfett	Butter
Buttersäure	-	3–4 %
Capronsäure	-	2 %
Caprylsäure	8 %	1–2 %
Caprinsäure	4–6 %	2–3 %
Laurinsäure	48–50 %	3–4 %
Myristinsäure	16–18 %	12 %
Palmitinsäure	8–9 %	21–26 %
Palimitoleinsäure	-	4 %
Stearinsäure	2–3 %	9–12,5 %
Ölsäure	6–7 %	20–30 %
Linolsäure	1–1,5 %	2–3 %
Linolensäure	-	1 %

Abnehmen mit Kokosfett

Immer mehr Menschen nehmen trotz aller Diätversuche zu. Immer mehr Kinder werden viel zu dick. Vieles trägt zu diesem Problem bei – zu viele Kalorien, eine nicht typengerechte Ernährung, zu wenig Bewegung, schädliche Nahrungsmittel (von Zucker bis zu Fast Food) und vieles andere mehr. Eine große Rolle spielt zudem ein Überkonsum an Fett – und noch dazu an ungesundem Fett.

Doch es ist nicht leicht, den Fettkonsum stark einzuschränken und es ist auch nicht für jeden sinnvoll. Je nach Ernährungstyp brauchen wir zwischen 15 und 30 Prozent Fett, um unseren Bedarf zu decken. Wir brauchen Fett aber auch, weil unser Essen dadurch schmackhafter wird. Wäre es da nicht praktisch, wenn es ein Fett gäbe, das viele Vorteile anderer Fette aufweist, durch das man jedoch nicht so leicht zunimmt? Oder mit dem man sogar abnimmt?

Übergewicht abbauen heißt Fett abbauen

Der Abbau von Übergewicht lässt sich vor allem auf drei Wegen erreichen:

> – durch die verstärkte Ausscheidung von Körperflüssigkeit
> (Wasser),
> – durch den Abbau von Muskelmasse,
> – durch den Abbau von Fettgewebe.

Leider führt nur einer dieser Wege *nicht* in eine Sackgasse!

Viele Diäten und Schlankheitsmittel sind Mogelpackungen. Sie versprechen – und bewirken manchmal auch tatsächlich – einen schnellen Abbau von Übergewicht in wenigen Wochen. Aber dieser Abbau beruht vor allem darauf, dass verstärkt Flüssigkeit ausgeschieden wird. Nur so lassen sich mehrere Pfunde pro Woche abbauen.

Der nachhaltige Abbau von überflüssigem Fett braucht dagegen Zeit. Es ist eigentlich ganz einfach – auch wenn es viele nicht wahrhaben wollen: Wenn Sie übergewichtig sind, bleibt Ihnen nichts anderes übrig, als sich auf Dauer – zumindest für viele Jahre – umzustellen. Oder Sie bleiben übergewichtig und werden immer dicker. Alles andere ist Augenwischerei.

Die Begründung für Ihre überschüssigen Pfunde ist eigentlich ganz einfach: Wenn Sie übergewichtig sind, haben Sie sich in der Vergangenheit nicht so ernährt, wie es für Ihren Ernährungstyp und Ihren Kalorienbedarf richtig gewesen wäre. Was soll es Ihnen dann nützen, wenn Sie mal für ein paar Wochen eine Diät machen und dann wieder zu den alten Fehlern zurückkehren? Diese Art von Selbstbetrug kann nur zu Enttäuschungen führen. Viel besser ist es, zumindest die schwersten Fehler zu meiden oder wenigstens seltener zu begehen und statt dessen einiges in der Ernährung umzustellen.

Nur so lässt sich Übergewicht auf Dauer abbauen. Dann werden Sie sich nicht nur leichter fühlen, es wird Ihnen auch insgesamt deutlich besser gehen.

Typgerechte Ernährung

Es kann hier nicht darum gehen, allgemeine Tipps zu einer gesunden und gewichtsvermindernden Ernährung abzugeben, vor allem nicht, weil es keine Ernährungsform gibt, die für jeden gesund und gewichtsvermindernd ist. Es ist vielmehr so, dass es unterschiedliche Ernährungstypen gibt und dass sich nur der richtig ernährt, der die Ernährung auf die Bedürfnisse des eigenen Typs abstimmt. Hier kann ich Ihnen jedoch einige grundlegende Empfehlungen geben, die Ihnen die wichtigsten Schritte beim Abbau von Übergewicht aufzeigen.

Die meisten Menschen nehmen durch Diäten langfristig zu

Das ist nicht schwer zu verstehen: Wenn Sie deutlich weniger essen, richtet sich Ihr Körper darauf ein und verringert automatisch den Energieverbrauch, um mit dieser Notsituation fertig zu werden. Dadurch sichert er sozusagen sein Überleben. Es ist ein uralter Mechanismus, der seit Jahrmillionen in den Erbanlagen verankert ist. Und wenn Sie wieder mehr essen, hält Ihr Körper den Energieverbrauch zunächst einmal auf dem niedrigen Niveau, um das Verlorene möglichst schnell wieder zuzunehmen und am besten gleich noch ein paar zusätzliche Pfunde draufzupacken – man weiß ja nie, wann die nächste Hungerperiode kommt ...

Es kann also nicht der richtige Weg sein, die Kalorien zu stark einzuschränken – nur eine grundlegende Umstellung bringt Erleichterung. Neben einer Umstellung auf eine typengerechte Ernährung und der Befolgung grundsätzlicher Empfehlungen (mehr Bewegung, weniger Süßigkeiten und Ähnliches) gibt es eine recht einfach umsetzbare Möglichkeit zur Gewichtsreduktion: Ersetzen Sie Butter, Öle und tierische Fette so weit wie möglich durch Kokosfett!

Kokosfett macht schlank

Kokosfett ist außergewöhnlich. Ich habe es bereits oben erwähnt und erläutert: Die mittelkettigen Fettsäuren – von denen Kokosfett so viele enthält – haben unter anderem den großen Vorteil, dass der Körper mit ihnen ganz anders umgeht als mit den langkettigen Fettsäuren. Er behandelt sie so ähnlich wie Kohlenhydrate.

Beide werden vom Körper verwendet, um daraus schnell Energie zu gewinnen. Deshalb werden die mittelkettigen Fettsäuren in letzter Zeit verstärkt in Sportlernahrung „eingebaut". . Zu einer Gewichtszunahme tragen Kohlenhydrate und mittelkettige Fettsäuren nur bei, wenn wir uns zu viele Kalorien zuführen. Die Energie kann dann nicht aufgebraucht werden, und was als Überschuss zurückbleibt, wird vom Körper in Fett umgewandelt und abgelagert.

Anders verhält es sich mit den langkettigen Fettsäuren. Sie eignen sich besser als langfristige Energiespeicher und ein Teil von ihnen wird zunächst in die Fettdepots gebracht. Dort werden sie gelagert und nur abgerufen, wenn die Kohlenhydratvorräte erschöpft sind. Sie bleiben also oft in diesen Depots und vergrößern die Fettvorräte.

Man kann es verkürzt auf den Nenner bringen: Mittelkettige Fettsäuren erzeugen Energie – andere Fette erzeugen Fett.

Gegenüber den Kohlenhydraten haben die mittelkettigen Fettsäuren allerdings einen Vorteil: Sie lassen den Blutzuckerspiegel nicht in die Höhe schießen. Daher bleiben all die negativen Folgen aus, die dies nach sich zieht (Übergewicht, Insulinresistenz, Diabetes). Ein schneller Anstieg des Blutzuckerspiegels bewirkt kurzfristig, dass der Körper schnell dagegen steuert und dabei überreagiert. Oft fällt dadurch der Blutzuckerspiegel zu stark ab und es kommt zu einer Unterzuckerung. Unterzuckerung bedeutet aber immer auch *Hunger*. Also wird schnell wieder etwas gegessen, am besten etwas, das den Blutzuckerspiegel schnell

wieder nach oben bringt. Es ist leicht, sich in diesen Teufelskreis zu begeben, aber schwer, ihn zu verlassen.

Wer Kokosfett in seinen Speiseplan aufnimmt, muss sich mit diesem Problem nicht auseinander setzen. Es sättigt grundsätzlich länger als Kohlenhydrate. Wenn also in einer Mahlzeit die Kohlenhydrat-Kalorien teilweise durch Kokosfett-Kalorien ersetzt werden, bleibt der Blutzuckerspiegel gleichmäßiger und die Mahlzeit macht länger satt.

Kokosfett erhöht den Grundumsatz

Kokosfett hat gegenüber Kohlenhydraten und vor allem gegenüber den langkettigen Fettsäuren noch einen Vorteil: Es erhöht den Grundumsatz, also die Menge an Energie, die der Körper verbraucht, um seine eigenen Funktionen aufrecht zu erhalten. Der Grundumsatz macht ungefähr zwei Drittel des menschlichen Energieverbrauchs aus und wenn er sich auch nur leicht erhöhen lässt, verbraucht man automatisch mehr Kalorien.

Unsere Zellen sind aktiver, wenn wir etwas essen. Wir merken es unter anderem daran, dass uns durch Essen etwas wärmer wird. Besonders anregend und damit wärmend wirkt Eiweiß; sein Effekt ist deutlich stärker als der der meisten Kohlenhydrate und Fette. Eine Ausnahme bildet hier wiederum das Kokosfett: Es regt den Stoffwechsel sogar noch mehr an als Eiweiß.

In einer Studie wurde diese anregende Wirkung der mittelkettigen Fettsäuren mit der von langkettigen verglichen. Dabei zeigte sich, dass die Steigerung durch die mittelkettigen fast doppelt so groß war. Das bedeutet: Jedes Mal, wenn Sie irgendein Fett durch Kokosfett ersetzen, regen Sie dadurch Ihren Stoffwechsel zusätzlich an und tragen etwas zum Abbau von Übergewicht bei.

Ungesättigte Fettsäuren verringern den Grundumsatz

Inzwischen hat sich außerdem herausgestellt: Ungesättigte pflanzliche Fette verringern den Grundumsatz, weil sie die Arbeit der Schilddrüse unterdrücken. Zum einen wirken sie direkt auf die Schilddrüse und reduzieren die Erzeugung und Freisetzung des Schilddrüsenhormons, zum anderen stören sie dessen Aufnahme durch das Gewebe. Das Schilddrüsenhormon ist aber entscheidend für die Regulierung des Grundumsatzes. Wenn zu wenig Schilddrüsenhormone zur Verfügung stehen, sinkt der Grundumsatz und das Gewicht steigt.

Die Kokosdiät – einfacher geht's kaum noch

Zugegeben, der Name ist etwas irreführend: Die Kokosdiät ist nämlich gar keine Diät. Sie müssen dabei nicht weniger essen und auch keine besonderen Diätpläne befolgen. Sie müssen nicht einmal mehr Sport treiben – auch wenn es natürlich besser wäre, wenn sie es täten. Sie müssen nur Fette weitgehend durch Kokosfett ersetzen. Und wenn Sie noch einen Schritt weitergehen wollen, können Sie zusätzlich andere Kokosprodukte verstärkt beim Kochen einsetzen, zum Beispiel frische Kokosnuss, Kokosmilch, Kokosraspeln und Ähnliches.

Kokosfett bessert die Gesundheit und steigert die Leistungsfähigkeit

Wir finden es selbstverständlich, dass uns ein ganzes Arsenal an Medikamenten gegen Krankheitserreger zur Verfügung steht. Doch unproblematisch ist die Anwendung dieser Mittel nicht. Immer mehr Erreger werden unempfindlich, die Nebenwirkungen sind oft nicht unerheblich. Und gegen viele Erreger gibt es gar keine Medikamente – so zum Beispiel gegen Viren. Wäre es da nicht praktisch, wenn es Mittel gäbe, die uns von vornherein gegen viele Keime schützen könnten? Kokosfett enthält sie in Form der mittelkettigen Fettsäuren.

Viele Krankheitserreger sind Einzeller, darunter Bakterien und Viren. Wie auch bei der menschlichen Zelle, bestehen ihre Zellwände überwiegend aus Fett. Doch im Gegensatz zu den sehr stabilen Zellwänden des Menschen sind diese bei manchen Arten viel dünner, weicher und empfindlicher. Kommen sie in Kontakt mit mittelkettigen Fettsäuren, wirken diese wie eine Art Lösungsmittel, weichen sie auf und zerstören sie. Die Fette stören daneben wohl speziell bei einigen Bakterienarten die Informationsübertragung und können bei bestimmten Viren die Reproduktion und Ausreifung unterbrechen.

Besonders stark wirkt dabei Laurinsäure, doch auch Capron-, Caprin-, Capryl- und Myristinsäure unterstützen diese Wirkung.

Unverwüstliche Viren?

Trotz langjähriger Forschung sind bisher keine Medikamente entwickelt worden, die Viren erfolgreich bekämpfen. Ärzte sind nach wie vor auf die Abwehrkräfte des Körpers angewiesen, wenn es darum geht, Krankheiten zu bekämpfen, die durch Viren ausgelöst wurden – und können die Abwehrkräfte bestenfalls unterstützen.

Ähnlich wie viele Bakterien sind Viren jedoch von einer Zellwand umgeben, die durch mittelkettige Fettsäuren angegriffen werden kann. Dies trifft zum Beispiel auf die Erreger von Grippe, Herpes simplex, Masern, Mononucleose, Hepatitis C, Epstein-Barr und Zytomegalie zu.

Fett gegen AIDS?

Auch das AIDS-Virus gehört zu diesen Viren und es gibt erste viel versprechende Versuche, die Keimzahl bei HIV-Patienten durch die zusätzliche Gabe von Kokosfett zu verringern.

Natürlich sollte Kokosfett andere Behandlungsmethoden nicht ersetzen, es kann jedoch eine sinnvolle Ergänzung sein. Denn Kokosfett hat noch einen Vorteil: Oft ist als Begleiterscheinung von AIDS – und der dagegen verwendeten Medikamente – das Verdauungssystem geschwächt und die Darmflora stark gestört. Dies führt oft zu einem deutlichen Untergewicht. Kokosfett kann leicht aufgenommen werden, kann also selbst bei geschwächtem Verdauungssystem die dringend benötigte Energie liefern. In ersten Studien hat sich gezeigt, dass Kokosfett innerhalb weniger Wochen das Gewicht untergewichtiger HIV-Patienten ansteigen ließ. Nicht immer, aber oft zeigte sich zudem, dass die Darmflora verbessert wurde, die Virenbelastung zurückging und das Immunsystem gestärkt wurde. Es ist allerdings zurzeit noch viel zu früh, um endgültige Schlüsse zu ziehen. Da aber Kokosfett risikolos in den weiter unten empfohlenen Mengen verwendet werden kann, spricht nichts dagegen, seine Wirkung auszuprobieren und eigene Beobachtungen dazu anzustellen.

Gezielter Einsatz gegen Bakterien

Bakterielle Infektionen können lebensbedrohlich sein und dann ist der Einsatz von Antibiotika durchaus sinnvoll. Leider werden sie jedoch viel zu oft ohne Not eingesetzt. Einerseits werden dadurch immer mehr Bakterien unempfindlich gegenüber Antibiotika, andererseits leiden viele Patienten durch die Behandlung unter den zahlreichen Nebenwirkungen, die diese Medikamente haben. Die Zerstörung der Darmflora kann eine solche Folge sein, weil die Antibiotika häufig „nebenbei" auch die nützlichen Darmbakterien zerstören und so unter anderem die Entwicklung von Candida albicans fördern.

Es gibt jedoch auch unter den Bakterien viele Stämme, deren Zellwände durch mittelkettige Fettsäuren angegriffen und aufgeweicht werden können. Die wichtigsten finden Sie in der nachfolgenden Tabelle. Darunter sind durchaus gravierende Krankheiten und ich will nicht empfehlen, bei deren Behandlung auf einen Einsatz von Antibiotika zu verzichten. Viel sinnvoller ist es, die mittelkettigen Fettsäuren beziehungsweise das Kokosfett *vorbeugend* einzusetzen, als Teil der täglichen Ernährung. Dann wird es oft schon die Entstehung dieser Infektionen unterbinden.

Laurinsäure kann folgende Bakterien schädigen:	
Bakterienart	Einige Krankheiten, die sie verursachen
Chlamydia	Conjunktivitis Infektionen der Geschlechtsorgane Lungenentzündung Papageienkrankheit Peridontitis
Grampositive Bakterien	Botulismus Gastroenteritis Milzbrand Tetanus
Helicobacter pylori	Magengeschwür
Neisseriabakterien	Gonorrhö Meningitis
Staphylococcusbakterien	Harnwegsinfektionen Lebensmittelvergiftung Staphylococceninfektionen
Streptobazillen	Lungenentzündung Ohrenschmerzen Karies Racheninfektion Rheumatisches Fieber Sinusitis

Bei chronischen Erkrankungen (etwa einer chronischen Nebenhöhlenentzündung) oder bei immer wieder aufflammenden Krankheiten (wie Magengeschwüre, die durch Helicobakter pylori verursacht werden) gilt Ähnliches. Sie werden feststellen, dass sich die chronischen Symptome langsam bessern oder die Krankheitsschübe seltener werden, vielleicht sogar überhaupt nicht mehr auftreten, wenn Sie regelmäßig Kokosfett verzehren. Da Kokosfett keine Nebenwirkungen hat, spricht nichts dagegen, es auszuprobieren.

Pilzinfektionen sind zäh

Pilze sind Opportunisten, die sich immer dann ausbreiten, wenn ihnen dazu Gelegenheit geboten wird, wenn zum Beispiel die ihnen feindlich gesonnenen Darmbakterien durch Antibiotika vernichtet wurden, wenn das Immunsystem geschwächt ist (wie zum Beispiel bei AIDS) oder wenn die Pilze durch hohen Zucker-konsum gemästet werden. Dann breiten sich die Pilze im Darm aus, aber auch in der Vaginalschleimhaut oder auf der Haut, und sie können sogar den ganzen Körper befallen. Das ist dann zu-mindest unangenehm, oft sehr belastend und manchmal sogar lebensbedrohlich.

Auch in solchen Fällen kann Kokosfett beziehungsweise eine der darin enthaltenen mittelkettigen Fettsäuren – die Caprylsäu-re – helfen. Um eine bestehende Infektion wirksam zu bekämp-fen, reicht der Anteil von Caprylsäure allerdings nicht aus. Sinn-voller sind spezielle Präparate, die Caprylsäure in konzentrierter Form enthalten.

Natürlich sind auch bei der Gabe dieser Säure zusätzliche Maßnahmen nötig, zum Beispiel eine Veränderung der Ernährung und eine Regeneration der Darmflora, wie sie auch bei medika-mentöser Behandlung begleitend sinnvoll sind.

Verdauungsprobleme, Gallen- oder Bauchspeicheldrüsenschwäche

Wer Probleme mit der Verdauung von Fett hat, sollte zu Kokosfett wechseln. Die mittelkettigen Fettsäuren im Kokosfett werden be-reits im Mund und im Magen aus ihrem Fettverbund herausgelöst, sodass die Verdauungssäfte der Bauchspeicheldrüse und der Galle für ihre Verdauung nicht benötigt werden. So können sie selbst von Menschen mit Fettverdauungsschwäche verwertet werden.

Kokosfett kann daher andere, schwer verdauliche Fette weitgehend ersetzen – bis auf die essenziellen Fettsäuren. Es liefert einerseits Energie, andererseits unterstützt es die Aufnahme fettlöslicher Vitamine. Wer an Verdauungsschwäche leidet, dem kann Kokosfett helfen, besser mit Fett und Energie versorgt zu werden. Bei untergewichtigen Personen, deren Gewichtsproblem durch Verdauungsschwäche verursacht wird, trägt Kokosfett sogar dazu bei, dass sie wieder zunehmen.

Daher sollte Kokosfett bei allen Formen von Maldigestion (Verdauungsschwäche) und Malabsorption (Schwäche in der Aufnahme von Nährstoffen aus dem Darm) in Erwägung gezogen werden, zum Beispiel wenn jemand Gallensteine hat (die den Zufluss von Gallenflüssigkeit in den Dünndarm behindern) und bei Erkrankungen der Bauchspeicheldrüse, bei denen es zu einer mangelnden Produktion und Abgabe fettverdauender Enzyme kommt. Der Verzehr von Kokosfett empfiehlt sich auch, wenn ein Teil des Dünndarms entfernt worden ist, ferner bei Mukoviszidose, Morbus Crohn, Zöliakie oder ähnlichen Problemen. Für ältere Menschen, die ja sehr häufig Probleme mit der Fettverdauung haben, ist Kokosfett ebenfalls geeignet.

Entzündungen im Verdauungssystem

Die Ursachen für Colitis ulcerosa und andere Entzündungen im Verdauungssystem sind bisher weitgehend unbekannt. Es gibt allerdings Hinweise, dass auch hier Bakterien oder Viren unter Umständen eine entscheidende Rolle spielen – ähnlich wie beim Magengeschwür der Helicobacter pylori. Inzwischen ist in einigen Versuchen gezeigt worden, dass der Konsum von Kokosfett die Symptome oftmals lindern und sie gelegentlich sogar beseitigen konnte. Daneben wirkte es sich positiv aus, weil die Entzündungen oft von einer Verdauungsschwäche begleitet werden und das leicht verdauliche Kokosfett die Versorgung bessert. Auch wenn noch keine klaren Ergebnisse der Studien vorliegen, ist es zumindest einen Versuch wert, Kokosfett auszuprobieren, denn schaden wird es sicher nicht und kann sogar eine deutliche Erleichterung der Beschwerden bringen.

Stillende Mütter

Muttermilch enthält neben anderen Fetten einen hohen Anteil an mittelkettigen Fettsäuren, die wegen ihrer leichten Verwertbarkeit und dem Krankheitsschutz, den sie bieten, für die gestillten Kinder wichtig sind. Ihr Anteil ist aber in der Muttermilch oft geringer, als er sein sollte, und kann deutlich erhöht werden, wenn die Mutter zusätzlich Kokosfett verzehrt.

Kokosfett bessert die Gesundheit

Die Liste der positiven Eigenschaften von Kokosfett und die Liste der Krankheiten, die es verhindern oder bessern kann, ließen sich noch weiterführen. Da gesättigte Fettsäuren lange einen schlechten Ruf hatten, stehen die Forschungen allerdings in manchen Bereichen noch am Anfang.

Möglicherweise kann es sich positiv auf die Entwicklung und den Verlauf von Krebs auswirken (im Gegensatz zu den ungesättigten Fetten erzeugt es keine freien Radikale), es kann die Entstehung von Diabetes verhindern oder dessen Stärke und Folgen mildern. Seine Fettsäuren sind denen der Sägepalme (*Serenoa serrulata*) ähnlich und es gibt Versuche, sie deshalb gegen Prostatavergrößerung einzusetzen. Je mehr man sich mit Kokosfett beschäftigt, um so häufiger findet man Berichte über seine Einsatzmöglichkeiten.

Kokosfett steigert die Leistungsfähigkeit

Weil die mittelkettigen Fettsäuren so leicht aufgenommen und in Energie umgewandelt werden können, werden sie in letzter Zeit verstärkt in Sportlernahrung eingesetzt. Umfangreiche Versuche haben allerdings ergeben, dass es einige Tage oder sogar Wochen dauert, bis sich die Leistungssteigerung deutlich bemerkbar macht. Wer also seine sportlichen Leistungen steigern will, muss das Fett regelmäßig und über einen längeren Zeitraum zu sich nehmen.

Doch nicht nur Sportler können von dieser Art der Leistungssteigerung profitieren. Auch viele, die unter chronischer Erschöpfung leiden, bemerken nach einiger Zeit eine deutliche Verbesserung, fühlen sich weniger erschöpft und haben mehr Energie. Das gilt natürlich besonders, wenn sie vorher unter der schilddrüsenunterdrückenden Wirkung eines zu hohen Konsums ungesättigter Fettsäuren gelitten haben und diese nun weitgehend durch Kokosfett ersetzen.

Helfen gesättigte Fettsäuren gegen Herzinfarkt?

Zugegeben, es klingt verwegen. Schließlich wurden gesättigte Fettsäuren lange für einen entscheidenden Faktor bei der Entstehung eines Herzinfarkts gehalten. Aber nach allem, was Sie jetzt über die mittelkettigen Fettsäuren wissen, nachdem Sie all diese positiven Wirkungen kennen gelernt haben – könnte es da nicht sein, dass die mittelkettigen Fettsäuren sich sogar positiv auf die Blutgefäße auswirken und dass sie die Entstehung von Arteriosklerose und Herzinfarkt verhindern können? Vieles deutet darauf hin, dass es in der Tat so ist. Zumindest sollte es Sie hellhörig werden lassen, dass in den Ländern, in denen traditionell sehr viel Kokosfett verzehrt wird, Arteriosklerose und Herzinfarkt kaum vorkommen. Wo könnten die Gründe dafür liegen?

Arterienverkalkung entsteht nicht grundlos

Arterien können durch Ablagerungen an ihren Innenwänden so stark verengt werden, dass die Versorgung der Organe gefährdet wird. Wenn die Gefäße verengt sind, die das Herz versorgen, kann es zu einem Herzinfarkt kommen. Wird die Zufuhr zum Gehirn blockiert, kommt es zum Schlaganfall.

Lange wurde angenommen, dass die Ablagerungen, die zum Teil aus Cholesterin bestehen, durch einen zu hohen Cholesterinspiegel verursacht werden. Cholesterin ist aber keineswegs die Ursache des Problems. Zurzeit geht die Forschung davon aus, dass die erste Ursache in einer Schädigung der Arterieninnenwand liegt und der Körper Cholesterin einsetzt, um diese Schäden so gut als möglich zu reparieren.

Da Cholesterin nicht die Ursache ist, macht es keinen Sinn, massiv dagegen vorzugehen. Sinnvoller wäre es, Verletzungen der Arterien zu verhindern. Die Innenseiten der Arterien können durch verschiedene Einflüsse geschwächt werden, zum Beispiel durch Viren und Bakterien, freie Radikale, hohen Blutdruck, durch die Folgen von Diabetes, Übergewicht, Toxine, Vitamin C-Mangel und anderes. Manchmal treffen sogar mehrere dieser Einflüsse zusammen. Im Mittelpunkt der gegenwärtigen Forschungen stehen chronische Infektionen durch Viren oder Bakterien sowie die freien Radikale.

Forscher haben immer wieder Verbindungen zwischen chronischen Infektionen mit Mikroben (darunter *Chlamydia pneumoniael, Herpes simplex, Helicobacter pylori, Cytomegalievirus*) und der Entstehung von Arteriosklerose gefunden. Vieles deutet darauf hin, dass diese Mikroorganismen die Innenwände von Arterien angreifen und verletzen können. Gerade gegen diese häufig chronisch wirkenden Erreger kann Kokosfett besonders gut schützen.

Möglicherweise liegt hier – wie auch im Fehlen der freien Radikale – eine Erklärung dafür, warum gerade dort, wo viel Kokosfett konsumiert wird, die Infarktrate so auffällig niedrig ist.

Kokosfett für Haut und Haar

Lassen sich Falten mit Wasser verhindern?

Selbst die teuerste Faltencreme besteht meist vor allem aus Wasser. Wasser hat den großen Vorteil, schnell in die Haut einzudringen, sie aufquellen zu lassen und so die Falten zu reduzieren.

Doch es hat den großen Nachteil, die Haut schnell wieder zu verlassen. Dann schrumpft sie, die Falten treten wieder deutlicher hervor, die Prozedur muss wiederholt werden.

Wenn die Creme einmal nicht vor allem aus Wasser besteht, dann aus Öl, oft aus ungesättigten Pflanzenölen. Sie haben jedoch den großen Nachteil, unter dem Einfluss von Licht und Luft freie Radikale zu bilden. Die aggressiven freien Radikale führen dazu, dass die Struktur der Haut zerstört wird – sie altert schneller und bildet Falten. So fördern Faltencremes im Lauf der Zeit gerade das, was sie angeblich verhindern.

Ein Anzeichen für die Alterung der Haut sind die so genannten Leberflecken. Sie entstehen, wenn freie Radikale ungesättigte Fettsäuren und Eiweiße im Gewebe verändern. Übrigens: Je mehr Leberflecken sich auf der Haut finden, um so größer sind auch die Schäden im Körper, die durch freie Radikale verursacht wurden.

Kokosfett – eine preiswerte und gute Alternative

All diese Nachteile vieler Hautcremes lassen sich durch Verwendung von Kokosfett umgehen. Denn es dringt ähnlich schnell wie Wasser in die Haut ein. Im Gegensatz zu Wasser bleibt es jedoch deutlich länger in der Haut, wirkt somit länger gegen Falten. Der größte Vorteil des Kokosfettes liegt jedoch sicherlich darin, dass es die Haut selbst bei langjähriger Anwendung nicht durch Bildung freier Radikaler schädigt.

Trockene Haut und Hautkrankheiten

Auch bei trockener oder rissiger Haut bewährt sich Kokosfett. Es kann zwar einige Wochen dauern, bis eine sehr rissige Haut wieder glatt und weich wird und man sollte sich in dieser Zeit so oft wie möglich mit Kokosfett eincremen, doch die Mühe lohnt sich, weil es tief in die Haut eindringt und ihr hilft, sich von innen her zu regenerieren Verstärkt wird diese Wirkung noch, wenn Kokosfett in ausreichender Menge verzehrt wird, damit es gleichzeitig von innen und außen wirken kann.

Selbst bei schweren Hautproblemen wie Neurodermitis und Psoriasis wird von Erfolgen berichtet.

Kokosfett für die Haarpflege

Auf den ersten Blick erscheint der Gedanke seltsam, Fett für die Haarpflege zu verwenden. Doch es wirkt besser als viele teure Pflegepackungen.

Die Anwendung ist einfach. Das Fett schmilzt, wenn es leicht erwärmt wird (Vorsicht, dass es nicht zu heiß wird!). Entweder kann man davon zwei bis drei Teelöffel vor dem Zu-Bett-Gehen ins Haar massieren und morgens auswaschen. Oder man kann etwas mehr Öl im Haar verteilen, es für einige Zeit einwirken lassen und dann auswaschen. Kokosfett ist übrigens ein gutes Mittel gegen Schuppen. Wer es regelmäßig anwendet, erzielt damit mindestens so gute Erfolge wie mit chemischen Mitteln.

Einkaufs- und Dosierungstipps

Kokosfett wird aus „Kokosfleisch" gewonnen, dem weißen Inneren der ausgereiften Kokosnuss, das zu ungefähr 33 Prozent aus Kokosfett besteht. Neben dem reinen Kokosfett enthalten viele Produkte, die aus Kokosnuss gewonnen werden, ebenfalls dieses Fett, zum Beispiel Kokosmilch und Kokosflocken. Und natürlich eignet sich auch die frische Kokosnuss zum Verzehr.

Gewinnung und Qualität von Kokosfett

Kokosfett wird meist so gewonnen: Die reife Kokosnuss wird nach der Ernte noch auf der Plantage geöffnet, das weiße Fleisch herausgelöst und in der Sonne getrocknet. Das getrocknete Produkt, „Kopra" genannt, wird dann – oft erst einige Monate später – an eine zentrale Fabrik geliefert, die es zerkleinert und erhitzt. Beim Erhitzen wird das Fett freisetzt. Manche Fabriken setzen zusätzlich chemische Lösungsmittel ein, um die Ausbeute an Kokosfett zu erhöhen. Deshalb empfehle ich, Produkte aus dem Reformhaus oder aus dem Naturkostladen zu verwenden, da sie eher für eine lösungsmittelfreie Qualität stehen.

Das aus Kopra gewonnene Kokosfett wird anschließend meist gebleicht, weil es sonst eine bräunlich gelbe Farbe hätte, die bei der Trocknung des Kopras entsteht. Sie finden allerdings im Naturkostladen und auch in vielen asiatischen Geschäften Kokosfett, das nicht gebleicht wurde.

Um Geruchs- und Geschmacksstoffe zu entfernen, wird das Kokosfett anschließend von heißem Wasserdampf durchströmt. Da es sich bei Kokosfett weitgehend um gesättigte Fettsäuren handelt, schadet die Hitze dem Fett nicht sehr. Unter der Einwirkung der Erwärmung ändern sich die gesättigten Fette nicht.

Eine schonendere Herstellungsmethode wäre für die Qualität des Endproduktes dennoch besser.

Bei manchen Kokosfett-Produkten folgt noch ein weiterer Schritt: die Härtung der ungesättigten Fettsäuren, die einen Anteil von etwa acht Prozent ausmachen. Bei den meisten Kokosfetten, die im Handel angeboten werden, sind die ungesättigten Fettsäuren chemisch gehärtet worden, vor allem wegen der Sorge, dass sie sonst nicht lange genug haltbar wären. Wie ich oben schon erläutert habe, entstehen durch diese völlig unnötige Härtung Trans-Fette, weshalb ich vom Kauf dieser Sorten abrate. Wo es sich um ungehärtete Fette handelt, ist dies auf der Packung vermerkt.

Virgin Coconut Oil

Seit kurzem wird auch „natives" Kokosfett unter dem Namen *Virgin Coconut Oil* angeboten. Es wird noch auf der Plantage aus dem *frischen* Kokosfleisch gewonnen, muss weder deodoriert noch gebleicht werden. Je nach Herkunft und Verarbeitung hat das *Virgin Coconut Oil* – im Gegensatz zu dem sehr stark verarbeiteten Kopra-Kokosfett – einen leicht kokosartigen Geschmack. Die meisten Konsumenten empfinden ihn eher als angenehm und nicht als störend.

Virgin Coconut Oil enthält außerdem einige Inhaltsstoffe, die sich im Kokosfett aus Kopra nicht mehr finden und die durchaus positive Wirkungen haben, zum Beispiel Vitamin E, aber auch andere Stoffe.

Zur Haltbarkeit von Kokosfett

Kokosfett ist sehr gut haltbar. Obwohl es einen Anteil von etwa acht Prozent ungesättigter Fettsäuren enthält, wird es nicht ranzig, denn im Kokosfett sind diese Fettsäuren gleichmäßig verteilt. Daher kann es nicht zu den Kettenreaktionen der freien Radikale kommen, die andere Fette ranzig werden lassen. An sich muss Kokosfett daher nicht im Kühlschrank aufbewahrt werden.

Frische Kokosnüsse – So kaufen Sie die richtigen!

Wenn Sie eine frische Kokosnuss kaufen wollen, verraten einige Merkmale, ob die Kokosnuss zum Verzehr geeignet ist.

1. Die Schale der Nuss darf keinen Sprung und keine Risse haben, sondern sie muss durchgängig geschlossen sein. Nehmen Sie zwei Nüsse nehmen und klopfen Sie sie leicht aneinander. Ist die Schale bei beiden Nüssen intakt, so gibt es einen recht klaren, nicht sehr tiefen Ton. Ist dagegen eine Schale defekt, ergibt das Klopfen einen dumpfen Ton. Achten Sie auch darauf, dass sich auf der Schale kein Schimmel befindet.

2. Es muss noch Flüssigkeit in der Nuss sein, besser mehr als weniger. Nehmen Sie einige Nüsse in die Hand und schütteln Sie sie, dann merken Sie schnell den Unterschied. Kaufen Sie nur Nüsse, die noch viel Flüssigkeit enthalten.

3. Schauen Sie sich die drei „Augen" der Kokosnuss an. Diese müssen unverletzt sein und dürfen vor allem nicht hervortreten.

Wenn Sie eine Kokosnuss gekauft haben, müssen Sie sie anschließend öffnen. Bevor Sie jedoch die Nuss öffnen, sollten die das darin enthaltene Kokoswasser entfernen.

Beachten Sie dabei: Von den drei Augen ist mindestens eines sehr weich und lässt sich leicht mit einem spitzen Gegenstand durchstechen, zum Beispiel mit einer Ahle oder einem dünnen Schraubenzieher. Das Kokoswasser kann dann durch das Loch abfließen. Einfacher geht dies übrigens, wenn Sie noch ein weiteres Loch durchstechen. Allerdings sind zwei der drei Augen der Kokosnuss oft hart und nur mit Mühe zu durchstechen.

Das Kokoswasser können Sie auffangen und anschließend trinken. Es ist sehr nährstoffreich und gesund. Das gilt natürlich nur, wenn Sie keine zu alte oder beschädigte Nuss erwischt haben. Sollte das Kokoswasser schimmelig schmecken, war die

Nuss nicht mehr gut und Sie sollten weder das Wasser trinken noch die Nuss essen.

Am einfachsten knacken Sie die Nuss, wenn Sie sie in die Hand nehmen und kräftig auf einen Stein oder auf eine harte Fläche schlagen – aber bitte nicht auf Fliesen! Die „Seite" der Nuss ist empfindlicher als die „Spitze". Normalerweise bekommt die Nuss schnell einen Riss und geht nach mehreren Schlägen auseinander. Sie können die Nuss auch auf eine harte Oberfläche legen und mit einigen kräftigen Hammerschlägen öffnen.

Danach müssen Sie nur noch das weiße Fleisch von der harten Schale lösen. Mit ein wenig Geschicklichkeit und einem stabilen kurzen Messer ist das nicht schwierig. Als guter Weg hat sich erwiesen, das Fleisch von oben quer einzuschneiden – denn dadurch wird es meist zur Seite gedrückt und löst sich wie von selbst ab.

Das weiße Kokosfleisch sollte im Kühlschrank aufbewahrt und innerhalb der nächsten Tage verzehrt werden. Es hat einen Fettanteil von etwa 33 Prozent und ist sehr reich an Ballaststoffen. Außerdem enthält es etwas Eiweiß, viele Mineralien und Vitamine.

Kokosnuss-Produkte

Kokosmilch

Kokosfett kann gut und schmackhaft durch die Verwendung von Kokosmilch konsumiert werden. Sie lässt sich nicht nur in Rezepten aus der asiatischen und karibischen Küche verwenden, sondern eignet sich auch als Milchersatz für die Rezepte aus der europäischen Küche und ist zum Beispiel besonders für alle diejenigen geeignet, die auf Milch und Sahne allergisch reagieren.

Kokosmilch ist nicht dasselbe wie Kokoswasser. Sie wird gewonnen, indem das zerkleinerte Kokosfleisch mit heißem Wasser gemischt und anschließend ausgepresst wird. Sie enthält etwa 22 bis 24 Prozent Kokosfett.

Kokosmilch wird normalerweise in Dosen abgefüllt angeboten und Sie finden sie sowohl in asiatischen Geschäften als auch in Feinkostläden, in vielen Supermärkten, in Reformhäusern und Naturkostläden. Beim Einkauf sollten Sie auf zwei Dinge achten:

1. Auf dem Etikett sollten bei der Inhaltsangabe nur Kokosmilch (bzw. Kokosextrakt) und Wasser angegeben sein, denn sorgfältig hergestellte Kokosmilch kann ohne Konservierungsstoffe abgefüllt werden. Einige Hersteller fügen zur Konservierung das schwefelhaltige E224 hinzu, andere setzen Stoffe wie Caragen (ein Algenextrakt) zur Verdickung zu.

2. Der Fettgehalt ist normalerweise nicht angegeben. Manche Sorten haben einen etwas höheren Fettgehalt als andere. Der Unterschied im Fettgehalt ist jedoch selten groß. Am besten probieren Sie mehrere Sorten aus, denn die Produkte unterscheiden sich auch etwas in Geschmack, Farbe und Konsistenz. Auf diese Weise finden Sie eine Sorte, die Sie gerne mögen.

Kokosmilch kann bei vielen Gelegenheiten verwendet werden, bei denen Sie sonst Kuhmilch nehmen würden. Gerade für

Milchallergiker bietet sie eine sehr gute Alternative, da sie im Gegensatz zur Sojamilch fast nie zur Ausbildung neuer Allergien führt und insgesamt ohnehin gesünder als diese ist, wie auch gesünder als Reismilch oder Mandelmilch. Da Kokosmilch von Natur aus einen leicht süßen Geschmack hat, schmeckt sie im Gegensatz zu den genannten Milchsorten auch ohne Zugabe von Zucker gut.

Für die meisten Verwendungszwecke sollten Sie die Kokosmilch verdünnen. Sie hat immerhin einen Fettgehalt von 22–24 Prozent, im Gegensatz zu den 3,5 Prozent Fettgehalt der Vollmilch. Auch hier müssen Sie ausprobieren, welche Verdünnung für Sie angenehm ist.

Kokosflocken und -raspeln

Kokosflocken und -raspeln werden hergestellt, indem das Fleisch zerkleinert und anschließend stark getrocknet wird. Es enthält viele Nährstoffe, die sich auch im frischen Kokosfleisch befinden. Kokosflocken haben einen Fettgehalt von etwa 66 Prozent, auch wenn man dies nicht vermuten würde.

Kokoscreme – Creamed Coconut

Statt Kokosmilch oder Kokosflocken wird in der asiatischen Küche häufig Kokoscreme verwendet. Sie wird aus dem sehr fein zerkleinerten Kokosfleisch hergestellt und zu kleinen Blöcken geformt, die einen Fettgehalt um die 66 Prozent haben. Kokoscreme kann ähnlich wie Kokosmilch verwendet werden, muss allerdings vorher je nach Anwendung in heißem Wasser aufgelöst oder zerkleinert werden, damit sie der Speise zugegeben werden kann. Im Gegensatz zu Kokosmilch enthält Kokoscreme mehr Ballaststoffe.

Wie viel Kokosfett brauchen Sie?

Um es gleich vorweg zu sagen: Es gibt keine gesicherten Angaben darüber, wie viel Kokosfett man am besten essen sollte, um seine Gesundheit zu fördern. Die Empfehlungen der Forscher richten sich danach, wie viel Laurinsäure in der Muttermilch enthalten ist, und sie gehen davon aus, dass ein Erwachsener ebenfalls eine seinem höheren Gewicht entsprechende Menge braucht, um die gleiche positive Wirkung wie durch die Muttermilch zu erzielen. Dies gilt vor allem in Bezug auf die Vermeidung oder Bekämpfung von Krankheiten. Wenn man die Menge, die sich in der Muttermilch findet, auf einen Erwachsenen umrechnet, kommt man auf einen Tagesbedarf von ca. 25 Gramm Laurinsäure.

Nachfolgend einige Mengenangaben zu den verschiedenen Kokosprodukten.

Kokosfett

Da Kokosfett ungefähr zur Hälfte aus Laurinsäure besteht, ergibt dies einen Tagesbedarf von ca. 50 Gramm, was ungefähr dreieinhalb gestrichenen Esslöffeln Kokosfett entspricht.

Diese Angabe klingt auf den ersten Blick sehr hoch, zumal diese Fettmenge rund 450 Kalorien hat. Doch selbst bei einem niedrigen Tagesverzehr von nur 2000 kcal entspricht dies gerade mal 22,5 Prozent des täglichen Kalorienverbrauchs. Der durchschnittliche Fettverzehr liegt dagegen in Deutschland bei 36 Prozent und mehr, und selbst im Rahmen des allgemein empfohlenen Tagesverzehrs von 30 Prozent wäre noch etwas Platz übrig für die ebenfalls empfohlenen essenziellen Fettsäuren.

Liegt der Tagesverzehr – wie bei vielen– um die 2500 kcal, so enthalten die oben erwähnten 50 Gramm lediglich 18 Prozent der Tageskalorien und es bleibt noch mehr Platz für andere Fette oder für etwas mehr Kokosfett übrig. Auf jeden Fall sollten Sie die Menge von 50 Gramm nicht unterschreiten, wenn Sie erwägen, Kokosfett unterstützend für die Besserung eines Krankheitsverlaufs einzusetzen.

Eine Obergrenze für den Konsum von Kokosfett wurde bisher nicht gefunden. Es ist keine Verzehrmenge bekannt, ab der es schädlich wirken würde. Sicher sollte man die empfohlenen 50 Gramm nicht um ein Vielfaches überschreiten, doch ein wenig mehr wird nicht schädlich sein.

Kokosnuss

100 Gramm frische Kokosnuss haben einen Fettgehalt von etwa 33 Prozent, sodass zur Deckung des Tagesbedarfs ungefähr 150 Gramm Kokosfleisch benötigt werden.

Kokosmilch

Kokosmilch hat einen Fettgehalt von etwa 22–24 Prozent. Sie enthält also rund 10–12 Gramm Laurinsäure pro 100 Gramm. Wenn der gesamte Tagesbedarf von 25 Gramm Laurinsäure durch Kokosmilch gedeckt werden soll, so werden davon täglich gut 250 ml benötigt.

Kokosflocken und Kokoscreme

Kokosflocken und -creme bestehen zu ca. 66 Prozent aus Kokosfett, sodass etwa 80 Gramm davon zur Deckung des Tagesbedarfs ausreichen.

Kokos in der Küche

Kokosfett statt Butter oder pflanzlicher Öle

Wer die empfohlenen 50 Gramm Kokosfett pro Tag zu sich nehmen möchte, sollte sich angewöhnen, möglichst oft statt anderer
Fette und Öle Kokosfett zu verwenden. Doch nicht jeder kann bei
jeder Mahlzeit selbst darüber bestimmen, wie sie zubereitet wird.
Viele müssen wenigstens eine Mahlzeit täglich in der Kantine
oder im Restaurant essen oder sie kaufen sich Fertiggerichte,
essen zwischendurch einen Imbiss, ein Stück Kuchen oder ein
paar Plätzchen. Man kann ziemlich sicher sein, dass bei all diesen Zubereitungen kein Kokosfett verwendet wird – und es wird
womöglich noch eine Weile dauern, bis sich herumgesprochen
hat, wie gesund Kokosfett ist, so dass es wieder vermehrt in solchen Produkten verwendet wird.

Also sollten Sie sich angewöhnen, immer statt anderer Fette
Kokosfett zu verwenden, wenn es ohne Probleme möglich ist.
Und bei vielen Rezepten, die nach Milch verlangen, kann statt-
dessen Kokosmilch verwendet werden.

Kokosfett als Brotaufstrich

Ich liebe Butter, und als ich das erste Mal von der Idee hörte, statt
Butter Kokosfett auf mein Brot zu schmieren, konnte ich mir
kaum vorstellen, dass das gut schmecken könnte. Aber als ich es
dann ausprobierte, habe ich keinen Unterschied gemerkt, zumindest nicht, wenn der Brotbelag einen starken Eigengeschmack
hatte. Bis auf wenige Ausnahmen – zum Beispiel ein frisches
Brötchen mit Butter und Honig – schmeckt es mit Kokosfett so
gut wie mit Butter.

Füllen Sie Ihr Kokosfett um

Oft wird Kokosfett in Tafeln verkauft, aber das ist für die tägliche Verwendung ziemlich unpraktisch, wenn Sie nur kleine Mengen davon brauchen. Füllen Sie es deshalb in ein sauberes Schraubglas mit weiter Öffnung um. Schmelzen Sie das Kokosfett dazu in einem Topf. Sie brauchen es nur ein wenig zu erwärmen, da es bereits bei 24–25 °C schmilzt. Wenn Sie Kokosfett als Brotaufstrich verwenden möchten, bewahren Sie es am besten nicht im Kühlschrank auf, bis auf die wenigen Tage im Jahr, an denen das Thermometer mal auf über 25 °C klettert.

Kokosfett und Kokosmilch zum Braten

Wenn Sie etwas in der Pfanne oder im Wok braten möchten, sollten Sie dafür immer Kokosfett verwenden. Achten Sie dabei darauf, dass das Fett nicht zu heiß wird und zu rauchen anfängt, denn dann wird es selbst für das Kokosfett zu heiß.

Falls Sie wegen des Geschmacks gerne zusätzlich Butter oder Öl verwenden möchten, fügen Sie es hinzu, kurz bevor die Speise fertig ist, damit es nicht zu lange der Hitze ausgesetzt ist.

Statt Kokosfett kann oft auch Kokosmilch verwendet werden, um zum Beispiel Zwiebeln, Gemüse oder kleingeschnittenes Fleisch zu garen.

Kokosmilch zum Kochen

Wenn ein Rezept die Verwendung von Milch oder Sahne verlangt, können Sie stattdessen sehr oft auf Kokosmilch zurückgreifen. Probieren Sie es einfach einmal aus und Sie werden feststellen, dass das Gericht keineswegs schlechter schmeckt – vielleicht ein klein wenig anders.

Kokosfett zum Backen

Plätzchen und Kuchen werden durch Kokosfett nicht nur gesünder, sondern auch knuspriger.

Es reicht, nur drei Viertel der im Rezept angegebenen Menge zu verwenden, denn Butter enthält außer Fett auch Wasser und andere Stoffe, während Kokosfett nur aus Fett besteht. Werden also im Rezept 200 Gramm Butter empfohlen, so reicht es völlig aus, wenn Sie stattdessen 150 Gramm Kokosfett verwenden.

Kokosmilch statt Kuhmilch

Für die vielen Milchallergiker ist Kokosmilch ein Segen. Es gibt zwar auch andere Möglichkeiten, die Milch zu ersetzen, doch zum einen werden auch darauf nach einiger Zeit oft Allergien entwickelt (insbesondere auf Ziegen- und Schafsmilch, besonders häufig auf Sojamilch), zum anderen bringen manche Alternativen wiederum neue Nachteile mit sich, etwa die Sojamilch. Wie dem auch sei: Kokosmilch bietet zumindest eine weitere Möglichkeit, Kuhmilch zu ersetzen.

In der Konzentration, in der sie normalerweise angeboten wird, ist sie aber zu dick, um einfach so getrunken zu werden. Dazu sollte sie 2:1 mit Wasser verdünnt werden; 400 ml Kokosmilch sollten also mit 200 ml Wasser gemischt werden. Wem das noch zu dickflüssig ist, kann natürlich mehr Wasser verwenden. Ein bis zwei Teelöffel Honig und eine Prise Salz machen die Mischung noch schmackhafter.

Vor allem kann Kokosmilch in allen Getränken und Gerichten verwendet werden, die ansonsten nach Kuhmilch verlangen. Weiter unten finden Sie einfache Rezepte für einen cremigen Kakao und einfache Milch-Mixgetränke. Aber auch bei der Zubereitung von Kuchen, bei der Herstellung von Pudding und anderer Süßspeisen kann Kokosmilch in entsprechender Verdünnung verwendet werden.

Natürlich eignet sich Kokosmilch auch vorzüglich zur Zubereitung eines Müslis. Wer selbst Joghurt herstellt, kann versuchen, statt Milch dazu Kokosmilch zu verwenden. Ich habe es noch nicht selbst ausprobiert, jedoch gehört, dass es gut gehen soll.

Kokosmilch statt Sahne

Kokosmilch lässt sich leider nicht wie Sahne schlagen. Aber unverdünnt hat sie eine ähnliche Konsistenz und kann daher in vielen Rezepten, die nach Sahne verlangen, entsprechend verwendet werden. Auch über Obstsalat, Müsli und Ähnlichem schmeckt sie sehr gut.

Ein paar Rezepte

Die folgenden Rezepte sollen nur Anregungen liefern, wie man Kokosfett und Kokosmilch in der Küche einsetzen kann. Wenn Sie Rezepte suchen, die speziell auf Kokos abgestimmt sind, so finden Sie sie in unzähligen Kochbüchern über die thailändische und andere asiatische Küchen.

Kokos-Kakao

Geben Sie ein bis zwei Teelöffel Kakaopulver in eine Tasse. Gießen Sie langsam unter ständigem Umrühren – damit keine Klumpen entstehen – eine halbe Tasse Kokosmilch dazu und füllen Sie dann unter weiterem Rühren mit der gleichen Menge Wasser auf. Gießen Sie diese Mischung in einen Topf, kochen Sie sie kurz auf. Fertig! Sie können mit Honig oder Zucker süßen, doch ist dies dank des leicht süßen Geschmacks der Kokosmilch unnötig.

Je nachdem, wie dickflüssig Sie den Kakao mögen, können Sie einen kleineren oder größeren Anteil Kokosmilch verwenden.

Pina Colada – alkoholfrei

Geben Sie ein Glas Kokosmilch – unverdünnt – zusammen mit zwei Scheiben Ananas in einen Mixer, bis die Ananasscheiben zerkleinert sind. Wenn Sie das Getränk verdünnen möchten, fügen Sie etwas Ananassaft hinzu.

Andere Obstsorten wie Banane und Mango eignen sich ebenfalls für solche exotischen Getränke.

Basmatireis in Kokosmilch – für 2 Personen

Bringen Sie zwei Tassen Kokosmilch zum Kochen. Geben Sie eine Tasse Reis und etwas Salz hinzu und lassen Sie die Mischung kurz aufkochen. Nehmen Sie den Topf vom Feuer und lassen Sie ihn etwa 20 Minuten lang warm stehen, bis die gesamte Flüssigkeit vom Reis aufgenommen worden ist.

Gemüse in Kokosmilch

Die meisten Gemüse lassen sich hervorragend im Wok oder im Topf garen, wenn statt Öl oder Wasser Kokosmilch verwendet wird.

Kokos-Bananen-Pfannkuchen – für 4 Personen

Dazu brauchen Sie:

40 g Weizenmehl, 20 g Reismehl, 20 g Zucker, 30 g Kokosraspeln, 250 ml Kokosmilch, 1 Ei, Kokosfett zum Braten, 4 Bananen.

Sieben Sie Weizen- und Reismehl in eine Schüssel und mischen Sie Zucker und Kokosraspeln darunter. Verquirlen Sie die Kokosmilch mit dem Ei und gießen Sie die Flüssigkeit in eine Mulde in der Mehlmischung. Zutaten gut verrühren.

Erhitzen Sie etwas Kokosfett in einer Pfanne und braten Sie aus dem Teig vier bis sechs Pfannkuchen. Die Pfannkuchen in einem vorgeheizten Backofen warm halten.

Teilen Sie dann die Bananen einmal der Länge nach durch und braten Sie sie bei mittlerer Hitze im Kokosfett, bis sie glasig werden.

Dann die Pfannkuchen mit den gebratenen Bananen belegen und bei Bedarf mit etwas Kokosflocken bestreuen. Ein kleiner Schuss Orangenlikör und ein wenig Schlagsahne machen sich auch nicht schlecht dazu ...

Rindfleisch in Kokosmilch – für 4–6 Personen

2 kg Rindfleisch (aus der Schulter), 3 Esslöffel Kokosfett, 3 Teelöffel Currypulver, 1 Knoblauchzehe (klein gehackt), 1 Esslöffel geriebener frischer Ingwer, 3 Esslöffel Zitronengras (die weißen Teile, klein geschnitten), 2 mittelgroße Zwiebeln (klein geschnitten), 3 Esslöffel Essig, 500 ml Rinderbrühe, 400 ml Kokosmilch.

Das Kokosfett erhitzen, das Fleisch von allen Seiten darin anbraten und danach herausnehmen. Currypulver, Knoblauch, Ingwer, Zitronengras und Zwiebeln in diesem Topf fünf Minuten lang bei mittlerer Hitze garen. Das Fleisch wieder in den Topf geben. Essig, Rinderbrühe und Kokosmilch zugeben, zum Kochen bringen, bedeckt etwa zwei Stunden lang bei mittlerer Hitze sieden lassen, bis das Fleisch zart ist. Das Fleisch aus dem Topf nehmen und warm stellen. Die Brühe zu einer dicken Soße einkochen. Das Fleisch in Scheiben schneiden, eventuell in der Soße kurz erhitzen, anrichten.

Omelett mit Huhn und Kokossauce – für 4 Personen

Für die Sauce brauchen Sie:

400 ml Kokosmilch, 1/2 Teelöffel Kurkuma (gemahlen), 1 Teelöffel frischer Ingwer (gerieben), 1 Zimtstange, 1 Esslöffel Zitronensaft.

Für das Omelett brauchen Sie:

8 Eier (geschlagen), 2 Frühlingszwiebeln (klein gehackt), Kokosfett.

Fleischfüllung:

200 g gebratene Hühnerbrust (in kleine Stücke geschnitten), 1 Tomate (klein geschnitten), 1 Esslöffel frischer Dill (klein gehackt).

Bereiten Sie zuerst die Sauce zu: Dafür die Zutaten mischen und 15 Minuten lang köcheln lassen, bis die Soße eingedickt ist.

Dann bereiten Sie die Omelettes: Das Kokosfett erhitzen, währenddessen die Omelettzutaten mischen. Je ein Viertel des Teiges in eine Pfanne geben und zu einem Omelett stocken lassen. Ein Viertel der Fleischfüllung in die Mitte geben, das Omelett zur Mitte hin einschlagen, das Ganze auf einem Teller anrichten und mit Kokossauce übergießen.

Gemüse in Kokosgelatine

Dazu brauchen Sie:

400 ml Kokosmilch, 3 Esslöffel Gelatinepulver, 200–300 g Gemüse Ihrer Wahl, gedünstet, in kleine Stücke geschnitten und abgekühlt.

Die Kokosmilch leicht erhitzen, Gelatine zugeben und rühren, bis sie sich aufgelöst hat. Das Gemüse in eine Schüssel geben und mit der Kokos-Gelatine übergießen. Im Kühlschrank fest werden lassen.

Ingwer-Hafer-Muffins

Zutaten:

250 g Mehl, 1/2 Teelöffel Salz, 2 Teelöffel Backpulver, 50 g brauner Zucker, 100 g Haferflocken, 4 Teelöffel frischer geriebener Ingwer oder 2 Teelöffel Ingwerpulver, 2 Eier, 30 g Kokosfett, 400 ml Kokosmilch.

Mehl mit Salz, Backpulver, Zucker, Haferflocken und Ingwer mischen. Kokosfett zerlassen, mit Kokosmilch und Eiern mischen, unter die restliche Mischung geben. Den Teig in gefettete

Formen geben. Er reicht für etwa zwölf Muffins. Auf mittlerer Schiene bei 175 °C 45–55 Minuten backen.

Kakaoiger Kokoskuchen mit Walnüssen

Zutaten:

200 g Mehl, 100 g Kakaopulver, 1 1/2 Teelöffel Backpulver, 200 g Kokosfett, zerlassen (nicht heiß werden lassen), 100 g brauner Zucker (oder Palmzucker, falls greifbar), 100 g Walnüsse, 4 Eier, 5 Tropfen Vanilleextrakt (oder der Inhalt einer Vanilleschote), 250 ml Kokosmilch.

Mehl, Kakao und Backpulver mischen.

Kokosfett, Zucker, Walnüsse, Eier und Vanille mischen, in die Mehlmischung einrühren. So viel von der Kokosmilch hinzufügen, dass ein glatter Teig entsteht. Den Teig auf einem Backblech verteilen, ca. 60–80 Minuten lang auf mittlerer Schiene bei 175 °C backen.

Literatur

Budwig, Dr., Johanna, *Das Fettsyndrom*. Freiburg: Hyperion-Verlag, 1959.

Coconut-Info.Com: Viele Artikel über Kokosfett gibt es online unter *www.coconut-info.com*.

Deutsches Institut für Ernährungsmedizin und Diätetik, *Nutzen und Anwendung von mittelkettigen Triglyzeriden (MCT-Fetten) zur Vorbeugung und Behandlung von Übergewicht.*

Enig, M. G., Ph.D, *Know Your Fats*. Silver Spring: Bethesda Press, 2001.

Enig, M. G., *Coconut Oil: An Anti-bacterial, Anti-viral Ingredient for Food, Nutrition and Health, AVOC Lauric Symposium*, 17. Oktober 1997, Manila, Philippinen.

Erasmus, Udo, *Fats and Oils*. Burnaby: alive books, 1986.

Fallon, Sally, with Mary Enig, Ph.D, *Nourishing Traditions*. Washington: NewTrends Publishing Inc., 1999.

Fife, Bruce, N.D., *The Healing Miracles of Coconut Oil*. Colorado Springs: Picadilly Books Ltd., 2001.

Lauric.org.: Diverse Artikel über Laurinsäure, online unter *www.laurig.org*.

MacBean, Valerie, *Coconut Cookery*. Berkeley: Frog Ltd., 2001.

Nexusmagazine. *The Health Benefits of Coconuts and Coconut Oil*, online unter *www.nexusmagazine.com/coconuts.html*.

Price-Pottenger-Foundation: Diverse Artikel über Kokosfett, online unter *www.price-pottenger.org*.

Ravnskov, Uffe, MD, Ph.D, *The Cholesterol Myths*. Washington: NewTrends Publishing Inc., 2000.

Smith, R. L., *The Cholesterol Conspiracy*. St. Louis: Wareen H. Green Inc., 1991.

Wolcott, William; Fahey, Trish, *Essen, was mein Körper braucht*. Kirchzarten: VAK, 2002.

Bezugsquellen

Wenn Sie an Bezugsquellen für *Virgin Coconut Oil* interessiert sind, dann können Sie beim Verlag ein Infoblatt dazu anfordern. Die Adresse lautet:

VAK Verlags GmbH
Stichwort „Kokosfett"
Eschbachstraße 5
79199 Kirchzarten bei Freiburg
DEUTSCHLAND
Fax: (+49) (0) 76 61 98 71 99
E-Mail: info@vakverlag.de

Über den Autor

Peter Königs ist Heilpraktiker und beschäftigt sich seit 30 Jahren mit Fragen der Ernährung. Seit 1994 arbeitet er mit William Wolcotts Methode des *Metabolic Typing* (Ernährung nach dem Stoffwechseltyp), die er offiziell in Europa vertritt. Wolcotts Buch *Essen, was mein Körper braucht* hat er übersetzt und für den deutschsprachigen Markt bearbeitet. Peter Königs bietet außerdem zahlreiche Seminare über typgerechte Ernährung an.

William L. Wolcott, Trish Fahey:
Essen, was mein Körper braucht
Metabolic Typing –
die passende Ernährung für jeden Stoffwechseltyp
Leseprobe unter: www.vakverlag.de

Es gibt viele Ernährungsarten, die Gesundheit und Leistungsfähigkeit versprechen. Und jede funktioniert – nur eben nicht
für jeden. Der Grund: Menschen unterscheiden sich in vielen
Facetten ihres Stoffwechsels. Was für den einen gesund und
leistungsfördernd ist, ist dem anderen abträglich.
Diese neue Methode bestimmt die vielen individuellen Facetten des eigenen Stoffwechsel-Typs mit einem umfangreichen
Fragebogen zum Selbstauswerten. So kann jeder die Ernährung finden, die ihm entspricht und die ihm gut tut.

302 Seiten, 20 Abb. u. zahlr. Tabellen, Hardcover (15 x 21,5 cm)
ISBN 978-3-935767-08-8

Franz Binder, Josef Wahler:
Zucker – der süße Verführer
Alles Wissenswerte und praktische Gesundheitstipps
Leseprobe unter: www.vakverlag.de

Rund 45 Kilo raffinierten Zucker jährlich nimmt der deutsche
Durchschnittsverbraucher zu sich – eine süße, aber höchst ungesunde Lebensweise. Zucker macht nicht nur dick, sondern
bedroht auch die Gesundheit.
Dieser Gesundheitsratgeber hilft, den Zuckerkonsum ohne Ver-
zichtgefühle zu reduzieren: Das praktische Anti-Zucker-Programm
zeigt, wie man in nur sieben Schritten lernen kann, mit weniger
oder sogar ganz ohne Zucker auszukommen. Mit umfassenden
Informationen auf Basis neuester ernährungswissenschaftlicher
Erkenntnisse und zahlreichen Tabellen, die den versteckten
Zuckergehalt angeben.

176 Seiten, zahlreiche Tabellen, Paperback (13 x 20,5 cm)
ISBN 978-3-935767-37-8

F. Batmanghelidj:
Wasser – die gesunde Lösung
Ein Umlernbuch
Leseprobe unter: www.vakverlag.de

Wasser ist überall und im Überfluss vorhanden – und doch leiden
wir Mangel daran! Wie es zu dieser paradoxen Situation kommt,
erläutert der Arzt und Forscher F. Batmanghelidj in dieser ausführ-
lichen Darstellung seiner neuen Präventions- und Heilmethode.
Die Quintessenz seiner jahrelangen Forschungen: Krankheiten
sind nicht das Ergebnis einer fehlerhaften Zusammensetzung von
Stoffwechselregulatoren, sondern Durstsignale des Körpers.
Und sie sind daher mit einer einfachen und äußerst wirkungs-
vollen „Medizin" zu behandeln: mit Wasser und nichts weiter als
reinem Wasser!

182 Seiten, 14 Abbildungen, Paperback (13 x 20,5 cm)
ISBN 978-3-924077-83-9

Abonnieren Sie den kostenlosen Newsletter: www.vakverlag.de